Gătitul Liniștit

Descoperiți Aromele Incredibile ale Călătoriei Culinare cu Vasul de Cuptor Lenti

Elena Popescu

rezumat

Friptură de porc cu ierburi Crockpot 23

    INGREDIENTE 23

    PREGĂTIREA 23

Crockpot Ceapă Coastă 25

    INGREDIENTE 25

    PREGĂTIREA 25

Carne de porc Crockpot Boia 26

    INGREDIENTE 26

    PREGĂTIREA 27

Gratar de porc Crockpotpot 28

    INGREDIENTE 28

    PREGĂTIREA 29

Crockpot Posole 30

    INGREDIENTE 30

    PREGĂTIREA 30

Cotlete de porc Crockpot II 31

    INGREDIENTE 31

    PREGĂTIREA 31

Cotlete de porc Crockpot - Joan's 32

INGREDIENTE 32

PREGĂTIREA 32

Cotletă de porc Crockpot și cartofi 34

INGREDIENTE 34

PREGĂTIREA 34

Cotlete de porc Crockpot 35

INGREDIENTE 35

PREGĂTIREA 35

Variante 36

Paste Crockpot și caserolă cu spanac 37

INGREDIENTE 37

PREGĂTIREA 38

Tocană de porc Crockpot 39

INGREDIENTE 39

PREGĂTIREA 40

Carne de porc trasă Crockpot 41

INGREDIENTE 41

PREGĂTIREA 41

Reteta Crockpot Ribs 42

INGREDIENTE 42

PREGĂTIREA 42

Crockpot în stil rustic Coaste dulci și acrișoare 43

INGREDIENTE 43

PREGĂTIREA 43

Kielbasa încrustată 44

INGREDIENTE 44

PREGĂTIREA 45

Grătar de porc din sud 46

INGREDIENTE 46

PREGĂTIREA 46

Hot Pot olandez 47

INGREDIENTE 47

PREGĂTIREA 48

Sandvișuri ușor de porc la grătar 49

INGREDIENTE 49

PREGĂTIREA 49

Coaste ușoare de grătar în crockpot 50

INGREDIENTE 50

PREGĂTIREA 50

Grătar ușor Crockpot 51

INGREDIENTE 51

PREGĂTIREA 51

Cotlete ușoare de porc și cartofi Crockpot 52

INGREDIENTE 52

PREGĂTIREA 52

Sunca El Paso 53

INGREDIENTE 53

PREGĂTIREA 53

Coaste la fermă 54

INGREDIENTE 54

PREGĂTIREA 55

Coaste de porc cu fructe 56

INGREDIENTE 56

PREGĂTIREA 57

Glased Sun in Bag 58

INGREDIENTE 58

PREGĂTIREA 58

Ardei iute verde prăjit 59

INGREDIENTE 59

PREGĂTIREA 59

Muschiă de porc „verde". 60

INGREDIENTE 60

PREGĂTIREA 61

Chiftele de șuncă 62

INGREDIENTE 62

PREGĂTIREA 63

Caserolă cu șuncă brună și brânză 64

INGREDIENTE 64

PREGĂTIREA 64

Șuncă în cidru 66

INGREDIENTE 66

PREGĂTIREA 67

Șuncă în Crockpot 68

INGREDIENTE 68

PREGĂTIREA 68

Sunca si hash Browns 69

INGREDIENTE 69

PREGĂTIREA 69

Caserolă cu șuncă și tăiței 70

INGREDIENTE 70

PREGĂTIREA 71

Cartofi, șuncă și parmezan 72

INGREDIENTE 72

PREGĂTIREA 73

Flan de șuncă și legume 74

INGREDIENTE 74

PREGĂTIREA 75

Șuncă în sos de piersici 76

INGREDIENTE 76

PREGĂTIREA 77

Tetrazzini cu sunca 78

INGREDIENTE 78

PREGĂTIREA 79

La mulți ani porc 80

INGREDIENTE 80

PREGĂTIREA 80

Friptură de porc hawaiană 81

INGREDIENTE 81

PREGĂTIREA 81

Fasole copioasă de petrecere cu carne de vită și cârnați 82

INGREDIENTE 82

PREGĂTIREA 82

Holly este cel mai ușor Kielbasi vreodată 84

INGREDIENTE 84

PREGĂTIREA	84
Coaste Chipotle cu miere	85
INGREDIENTE	85
PREGĂTIREA	86
File de porc Dijon cu miere	87
INGREDIENTE	87
PREGĂTIREA	88
Șuncă glazurată cu miere	89
INGREDIENTE	89
PREGĂTIREA	89
Coaste glazurate cu miere	90
INGREDIENTE	90
PREGĂTIREA	91
Șuncă Miere și Legume	92
INGREDIENTE	92
PREGĂTIREA	92
File de porc cu muștar cu miere	94
INGREDIENTE	94
PREGĂTIREA	94
Rulouri de hot dog și bacon	96
INGREDIENTE	96

PREGĂTIREA 96

Sandvișuri fierbinți cu șuncă și sparanghel 96

INGREDIENTE 96

PREGĂTIREA 97

Cotlete de porc calde și picante 98

INGREDIENTE 98

PREGĂTIREA 99

Rulouri de varză maghiară 100

INGREDIENTE 100

PREGĂTIREA 101

Varza vânătorului 102

INGREDIENTE 102

PREGĂTIREA 103

Gulaș 104

INGREDIENTE 104

PREGĂTIREA 105

Carne de porc indoneziană 106

INGREDIENTE 106

PREGĂTIREA 106

Porcul de insula 108

INGREDIENTE 108

PREGĂTIREA 109

Cârnați Italiani Cu Spaghete 110

INGREDIENTE 110

PREGĂTIREA 111

Muschiu de porc condimentat jamaican 112

INGREDIENTE 112

PREGĂTIREA 113

Cotlete Crockpot a lui Janet 114

INGREDIENTE 114

PREGĂTIREA 114

Kielbasa cu varză 115

INGREDIENTE 115

PREGĂTIREA 115

Caserolă Kielbasa 116

INGREDIENTE 116

PREGĂTIREA 116

Knockwurst și varză 117

INGREDIENTE 117

PREGĂTIREA 117

Cârnați și mere cu conținut scăzut de grăsimi 118

INGREDIENTE 118

PREGĂTIREA	118
Coaste de arțar și miere	119
INGREDIENTE	119
PREGĂTIREA	119
Carne de porc mexicană și fasole neagră	120
INGREDIENTE	120
PREGĂTIREA	121
Cină dulce și tartă din Milwaukee	122
INGREDIENTE	122
PREGĂTIREA	123
mostaccioli	124
INGREDIENTE	124
PREGĂTIREA	125
Șuncă Glasă cu Muștar	126
INGREDIENTE	126
PREGĂTIREA	127
Carne de porc Myron's Bar-B-Q	128
INGREDIENTE	128
PREGĂTIREA	129
Coastele chinezești ale lui Myron	130
INGREDIENTE	130

PREGĂTIREA	130
Coastele mele în stil rustic	131
INGREDIENTE	131
PREGĂTIREA	131
Friptură de porc asiatică de la Myron	132
INGREDIENTE	132
PREGĂTIREA	132
Carne de porc „BBQ" în ziua ploioasă din NC	133
INGREDIENTE	133
PREGĂTIREA	133
Friptură de porc cu portocale	135
INGREDIENTE	135
PREGĂTIREA	136
Cotletele de porc perfecte ale lui Paige	137
INGREDIENTE	137
PREGĂTIREA	137
Boia de porc	139
INGREDIENTE	139
PREGĂTIREA	140
Sos Cu Carnati Si Rosii Uscate	141
INGREDIENTE	141

PREGĂTIREA 142

Friptura de porc cu piersici 143

INGREDIENTE 143

PREGĂTIREA 143

Muschiuţă De Porc Cu Ananas 145

INGREDIENTE 145

PREGĂTIREA 146

Cina friptă de porc cu ananas 147

INGREDIENTE 147

PREGĂTIREA 148

Ananas - Muschiuţă de porc cu Merişoare 149

INGREDIENTE 149

PREGĂTIREA 149

Cotlete de porc marinate cu ananas 150

INGREDIENTE 150

PREGĂTIREA 150

Pizza cu cartofi în Crockpot 151

INGREDIENTE 151

PREGĂTIREA 152

Cotlete de porc de plantaţie 153

INGREDIENTE 153

PREGĂTIREA	154
Carne de porc și orez delicioase	155
INGREDIENTE	155
PREGĂTIREA	156
Carne de porc și caju	157
INGREDIENTE	157
PREGĂTIREA	157
Carne de porc chili	158
INGREDIENTE	158
PREGĂTIREA	159
Cină din cotlet de porc-legume	160
INGREDIENTE	160
PREGĂTIREA	161
Cotlete de porc supreme	162
INGREDIENTE	162
PREGĂTIREA	162
Muschiuță de porc cu umplutură	163
INGREDIENTE	163
• ••• Frec de porc •••	163
PREGĂTIREA	164
Carne de porc Marengo	165

INGREDIENTE	165
PREGĂTIREA	166
File de porc în stil creol	167
INGREDIENTE	167
PREGĂTIREA	167
File De Porc Cu Umplutură De Fructe	167
INGREDIENTE	167
PREGĂTIREA	168
File De Porc Cu Boia De Boia	169
INGREDIENTE	169
PREGĂTIREA	169
Muschiuță de porc și cartofi dulci	171
INGREDIENTE	171
PREGĂTIREA	172
Kraut 'N Apples polonez	173
INGREDIENTE	173
PREGĂTIREA	174
Carne de porc cu legume chinezești	175
INGREDIENTE	175
PREGĂTIREA	176
Cotlete de porc Abracadabra	177

INGREDIENTE	177
PREGĂTIREA	177
Caserolă Cotlă De Porc	178
INGREDIENTE	178
PREGĂTIREA	178
Cotletă de porc romantică	179
INGREDIENTE	179
PREGĂTIREA	180
Cotlet de porc și umplutură de afine	181
INGREDIENTE	181
PREGĂTIREA	181
Cotlete de porc - Crock Pot	182
INGREDIENTE	182
PREGĂTIREA	182
Cotlete de porc (Crock Pot)	183
INGREDIENTE	183
PREGĂTIREA	183
Cotlete de porc în Crockpot	184
INGREDIENTE	184
PREGĂTIREA	185
Cotlete de porc cu mere	186

INGREDIENTE 186

PREGĂTIREA 186

Cotlete de porc și cartofi 187

INGREDIENTE 187

PREGĂTIREA 188

Muschie de porc cu sos de portocale si afine 189

INGREDIENTE 189

PREGĂTIREA 189

Muschiuță De Porc Cu Dovleac și Cartofi Dulci 190

INGREDIENTE 190

PREGĂTIREA 190

Carne de porc cu sos de muștar de portocale 191

INGREDIENTE 191

PREGĂTIREA 192

Friptură De Porc Cu Cartofi Dulci 193

INGREDIENTE 193

PREGĂTIREA 193

Caserolă de Enchilada de porc 194

INGREDIENTE 194

PREGĂTIREA 195

Coaste de porc în stil rustic 196

INGREDIENTE	196
PREGĂTIREA	196
Coaste de porc și varză murată	197
INGREDIENTE	197
PREGĂTIREA	197
Carne de porc și varză murată	198
INGREDIENTE	198
PREGĂTIREA	199
Caserolă de porc, varză murată și orz	200
INGREDIENTE	200
PREGĂTIREA	201
Friptură de porc caserolă	202
INGREDIENTE	202
PREGĂTIREA	202
Tocană de porc cu suc de mere	203
INGREDIENTE	203
PREGĂTIREA	203
Tocană de porc cu cartofi dulci	205
INGREDIENTE	205
PREGĂTIREA	205
Muschiță De Porc Cu Mere	207

INGREDIENTE 207

PREGĂTIREA 207

Tocană de porc și roșii 208

INGREDIENTE 208

PREGĂTIREA 209

Carne de porc prăjită într-o oală 210

INGREDIENTE 210

PREGĂTIREA 211

Pozol Jeff 212

INGREDIENTE 212

PREGĂTIREA 212

Coaste roșii fierte 213

INGREDIENTE 213

PREGĂTIREA 214

Sos de porc 215

INGREDIENTE 215

PREGĂTIREA 215

Cârnați italieni sasi 216

INGREDIENTE 216

PREGĂTIREA 217

Fileuri de mere și miere sațioase 218

INGREDIENTE 218
PREGĂTIREA 219

Friptură de porc cu ierburi Crockpot

INGREDIENTE

-
- 4 căței mari de usturoi, tăiați în patru
- 1 muschie de porc fripta, dezosata, aproximativ 4-5 lire
- 1 lingurita de sare
- 1 linguriță mică de frunze de cimbru uscat
- 1/2 lingurita frunze de salvie uscate, maruntite
- 1/4 lingurita frunze de rozmarin uscate, maruntite
- 1/4 lingurita tarhon uscat, maruntit, optional
- un praf de cuisoare sau ienibahar
- 1 lingurita coaja rasa de lamaie, optional
- 1/3 cană apă
- 3 linguri amidon de porumb, optional
- 3 linguri de apa, optional

PREGĂTIREA

1. Tăiați 16 buzunare mici în friptură şi introduceți feliile de usturoi. Într-un castron mic, combinați sarea, ierburile şi coaja de lămâie. Frecați amestecul de condimente în friptură.
2. Turnați 1/2 cană de apă în aragazul lent; adăugați friptura. Acoperiți şi gătiți la LOW timp de 8-10 ore. Friptura de porc trebuie să indice cel puțin 145° pe un termometru cu citire instantanee.

3. Îngroșați sucurile dacă doriți. Scoateți friptura din sucuri. Combina amidonul de porumb cu cele 3 linguri de apa; se amestecă până la omogenizare, apoi se adaugă în sucurile crockpot.
4. Gatiti la foc mare pana se ingroasa. Se serveste cu friptura de porc.
5. Porții 8.

Crockpot Ceapă Coastă

INGREDIENTE

- 4 sau 6 cotlete de porc

- 1 plic de amestec de supă de ceapă

- 1/2 cană apă

- Cartofi

- Ceapa

- Morcovi

PREGĂTIREA

1. Puneți cotletele de porc în oala de vase. Presărați amestecul de supă în jur și între ele. Adaugă apă. Adaugati ceapa, cartofii si morcovii curatati, dupa gust. Gătiți la foc mare timp de 3 1/2 până la 4 ore sau la foc mic timp de 6 până la 8 ore.
2. 4 până la 6 porții.

Carne de porc Crockpot Boia

INGREDIENTE

- 3 până la 4 kilograme de coaste de porc în stil rustic, dezosate
- 1/3 cană făină universală
- 4 lingurite de boia maghiară
- 1/2 lingurita sare
- Chili
- 1 sau 2 linguri de ulei vegetal
- 1 ceapă mare, tăiată în jumătate, feliată
- 1/2 cană supă de pui
- 1/2 cană smântână

PREGĂTIREA

1. Se spală carnea de porc şi se usucă. Combinaţi făina, boia de ardei, sarea şi piperul într-o pungă de mâncare. Aşezaţi carnea de porc în pungă şi acoperiţi cu grijă.
2. Încinge ulei vegetal într-o tigaie mare la foc mediu-mare. Adăugaţi carnea de porc şi ceapa; se călesc aproximativ 5-6 minute, întorcând coastele de porc o dată pentru a se rumeni pe ambele părţi. Puneţi carnea de porc şi ceapa rumenită într-o oală lentă de 5 până la 7 litri. Turnaţi bulion de pui în tigaia fierbinte şi răzuiţi bucăţi rumenite; se toarnă peste carnea de porc.
3. Acoperiţi şi gătiţi la LOW timp de 6-8 ore. Scoateţi carnea de porc şi păstraţi-l la cald.
4. Se toarnă sucurile într-o cratiţă şi se pun la foc mediu. Se fierbe timp de 5 până la 8 minute, până când se reduce cu aproximativ 1/4 până la 1/3. Se ia de pe foc si se amesteca cu smantana; serviţi sosul cu carnea de porc.
5. 4 până la 6 porţii.

Gratar de porc Crockpotpot

INGREDIENTE

- 1 umăr de porc proaspăt, de 5 până la 7 kilograme
- 1 lingura de sare
- 2 linguri de zahar
- Piper dupa gust
- 1 1/4 cani de otet
- 1/2 cană ketchup
- 1/2 cană sos grătar
- 1 1/2 linguri de ardei rosu macinat
- Un strop de sos iute

PREGĂTIREA

1. Pune carnea de porc în aragazul lent. Se presara spata de porc cu sare si piper si se adauga otetul. Acoperiți și gătiți la LOW 9-12 ore. Scoateți din oală și îndepărtați carnea de pe oase. Strecurați lichidul, aruncați excesul de grăsime și rezervați 1 1/2 până la 2 căni. Adăugați ingredientele rămase. Se amestecă cu carnea de vită tocată și se pune înapoi în oala de covoare. Acoperiți și gătiți la LOW timp de încă 1 până la 2 ore. Îngheață bine.

Crockpot Posole

INGREDIENTE

- 1 până la 1 1/2 kilograme de coaste de porc dezosate în stil rustic
- 1 c. ceapa maruntita
- 1 cutie (aproximativ 15 uncii) hominy alb
- 1 cutie (aproximativ 15 uncii) hominy galben
- 1 cutie (14,5 oz) de roșii întregi
- 1 cățel de usturoi, tocat
- 2 lingurite. pudra de chili
- 1 lingurita. sare
- 1/2 linguriță. cimbru

PREGĂTIREA

1. Tăiați cotletele boneles în cuburi; rumeniți carnea de porc într-o tigaie în ulei clocotit. Adăugați ceapa și prăjiți; scurgeți grăsimea. Combinați carnea de porc, ceapa și alte ingrediente într-o oală. Gatiti la foc mic timp de 6 1/2 - 8 1/2 ore.

Cotlete de porc Crockpot II

INGREDIENTE

- 4 până la 6 cotlete de porc

- 1 conserve (10 3/4 uncii) de cremă de ciuperci, țelină sau altă cremă condensată

-
1/2 cană de ketchup

PREGĂTIREA

1. Strat de cotlete de porc crock-pot. amestecați supa și ketchup-ul. Acoperiți și gătiți la LOW timp de 7-9 ore.

Cotlete de porc Crockpot - Joan's

INGREDIENTE

- 8 cotlete de porc dezosate
- 6 cepe mari dulci, curatate de coaja si feliate groase
- 2 lingurite de sare
- 1 lingurita piper
- 1 c. Supa de pui
- 1/4 până la 1/2 c. vin alb sec sau sherry
- 1/4 ceasca de arpagic proaspat tocat sau patrunjel proaspat tocat

PREGĂTIREA

1. Tăiați excesul de grăsime de pe coaste. Folosind o tigaie mare sau o tigaie antiaderentă, gătiți feliile de ceapă la foc mediu, încercând să nu se despartă în rondele. Scoateți feliile de ceapă pe o farfurie mare; a pune deoparte.
2. Dați focul la mediu mare și rumeniți fiecare cotlet timp de aproximativ 2 minute pe fiecare parte. După ce ați întors fiecare cotletă, stropiți cu un praf de sare și o doză generoasă de piper negru proaspăt măcinat. Scoateți cotletele de porc pe o farfurie mare.
3. Stinge focul; adăugați bulionul și vinul în tigaie și răzuiți sucul din tigaie și orice bucăți rumenite rămase.
4. Aranjați ceapa și cotletele în slow cooker, începând și terminând cu felii de ceapă; adauga bulionul.
5. Acoperiți și gătiți la LOW timp de 7-9 ore.
6. Se presara cu arpagic sau patrunjel tocat inainte de servire.

7. Serve de la 6 la 8.

Cotletă de porc Crockpot și cartofi

INGREDIENTE

- Cotlete de porc, coaste sau fripturi dezosate de 4 până la 6 (3/4 până la 1 inch) grosime
- 1/4 cană făină asezonată cu sare și piper
- 2-3 linguri de ulei vegetal
- 3 linguri sherry uscat sau vin alb, optional
- 1 borcan Alfredo Sos (16 oz)
- 3 cartofi mari de copt, feliați subțiri
- 1 1/2 cană de fasole verde tăiată proaspătă sau congelată
- Sare si piper dupa gust

PREGĂTIREA

1. Ungeți cotletele cu amestecul de făină. Încinge ulei vegetal într-o tigaie mare la foc mediu-mare. Adăugați ceapa și gătiți până se înmoaie. Adăugați cotlete de porc; maro pe ambele părți. Scoateți cotletele și ceapa pe o farfurie; a pune deoparte. Cu o tigaie încinsă de pe foc, adăugați sherry și slăbiți bucățile rumenite cu o spatulă. Majoritatea vinului se va găti rapid.
2. Ungeți cu unt părțile laterale și inferioare unui aragaz lent de 3 1/2 litri sau mai mare.
3. Se aseaza cartofii, stropind usor cu sare si piper. Așezați fasolea verde deasupra cartofilor. Transferați coastele și ceapa rumenită în aragazul lent/oala și turnați sucul din tigaie peste coaste. Toarnă peste tot sosul Alfredo. Acoperiți și gătiți la foc mic timp de 7-8 ore. Gustați și ajustați condimentele. Rețeta de cotlet de porc servește 4 până la 6.

Cotlete de porc Crockpot

INGREDIENTE

- 4 până la 6 cotlete de porc, cu os sau fără os
- Sare kosher si piper negru proaspat macinat, dupa gust
- 2-3 linguri de făină universală
- 2 linguri ulei de măsline extravirgin
- 1 cutie mare (29 uncii) jumătăți de piersici sau felii în sirop ușor
- 1 cutie (8 uncii) sos de rosii
- 1/4 de otet de cidru
- 1/4 cană zahăr brun deschis sau închis, ambalat
- 1/4 lingurita de scortisoara macinata
- 1/8 lingurita cuisoare macinate

PREGĂTIREA

1. Puneți cotletele de porc pe o foaie de hârtie de copt sau de hârtie de copt. Presărați ușor ambele părți cu sare kosher și piper negru proaspăt măcinat. Pudrați ușor cu făină.
2. Într-o tigaie mare și grea sau tigaie la foc mediu-înalt; adauga uleiul de masline.
3. Când uleiul de măsline este fierbinte, puneți cotletele de porc în tigaie. Gatiti aproximativ 3 minute pe fiecare parte sau pana se rumenesc. Transferați cotletele de porc în insertul de vase al aragazului lent.
4. Scurge siropul de piersici intr-un castron si pune-l deoparte. Aranjați piersici peste cotlete de porc.

5. Într-un castron mediu, combinați 1/4 cană de sirop de piersici cu sosul de roșii, oțet, zahăr brun, scorțișoară și cuișoare. Bateți pentru a se amesteca bine.
6. Turnați amestecul de sos peste piersici și cotlete de porc în slow cooker.
7. Acoperiți și gătiți la LOW timp de 4 până la 6 ore sau până când carnea de porc este fragedă și gătită după cum doriți (vezi nota de siguranță alimentară, mai jos).

Variante

1. Utilizați sosul de grătar preferat în amestecul de sos și omiteți sosul de roșii și cuișoarele. Veți obține o aromă plăcută de afumat cu sosul grătar.
2. După ce s-au rumenit cotletele de porc, adăugați aproximativ 1 cană de ceapă și piper felii. Se călește până când ceapa este pur și simplu translucidă și se adaugă la cotletele de porc din aragazul lent împreună cu piersicile.

Paste Crockpot și caserolă cu spanac

INGREDIENTE

- 1 pachet (10 oz.) spanac tocat congelat
- 1 (8 oz.) pachet. twist pasta tagliatelle twist
- 1 kilogram de carne de vită macră
- 1/2 kg cârnați italian
- 1 ceapa, tocata marunt
- 2 linguri. ulei
- 2 conserve (8 oz) de sos de rosii
- 1 lingurita. sare
- 1 lingurita. Origan
- 1/2 c. parmezan
- 1 c. (4 oz) brânză Monterey Jack măruntită
- 4 cepe verde, tocate

PREGĂTIREA

1. Dezgheta spanacul si stoarce-l bine. Fierbeți tăițeii în apă clocotită cu sare până se înmoaie. Scurgere. Se rumenesc carnea si ceapa in ulei pana se sfaramiciaza; scurgeți excesul de grăsime. Adăugați sosul de roșii, sare și oregano.
   Acoperiți și fierbeți timp de 30 de minute; adauga spanacul. Întoarceți oala la sus după ce ungeți cu unt fundul și părțile laterale. Se toarnă jumătate de tăiței în vasul de vase cu unt. Acoperiți cu jumătate de amestec de carne și jumătate de parmezan.
2. Acoperiți cu straturi de paste rămase, carne și parmezan. Se presară cu brânză Jack și ceapă verde. Gatiti la putere maxima timp de o ora.
3. Porți 8.

Tocană de porc Crockpot

INGREDIENTE

- 1 1/2 kg muschi de porc dezosat, tăiat în bucăți de 1 inch
- 3 morcovi medii, tăiați în bucăți de 1 inch
- 1/2 cană ceapă tocată
- 4 cesti supa de pui
- 1 1/2 cani de cartofi taiati cubulete de 1/2 inch
- 1 1/2 cană de dovleac decojit tăiat în cuburi de 1 inch
- 1/2 lingurita sare
- 1/2 lingurita piper
- 3 linguri de făină universală
-

3 linguri de unt, inmuiat

PREGĂTIREA

1. Amestecați toate ingredientele, cu excepția făinii și a margarinei, într-o oală de 4 până la 6 litri.
2. Acoperiți și gătiți la LOW timp de 8 ore (sau la maxim 4 ore), sau până când carnea de porc nu mai este roz și legumele sunt fragede.
3. Combinați făina și margarina; se amestecă până la omogenizare. Se amestecă amestecul de făină, câte 1 lingură, în amestecul de carne de porc, până se combină.
4. Acoperiți și gătiți la foc mare timp de 30 până la 45 de minute, amestecând din când în când, până se îngroașă.
5. Porți 6.

Carne de porc trasă Crockpot

INGREDIENTE

- Friptură de umăr de porc, aproximativ 4 lbs
- 2 cepe medii, feliate subțiri
- 1 1/2 cană apă
- 1 sticlă (16 uncii) de sos de grătar sau 2 căni de sos de casă
-

1 cană ceapă tocată

PREGĂTIREA

1. Puneți jumătate din ceapa tăiată subțire în fundul aragazului lent; se adauga carnea de porc si apa, impreuna cu feliile de ceapa ramase. Acoperiți și gătiți la LOW timp de 8-10 ore sau 4-5 ore la HIGH. Scurgeți lichidul din aragazul lent; Tocați grosier carnea și îndepărtați excesul de grăsime. Întoarceți carnea de porc în aragazul lent. Adaugati sosul gratar si ceapa tocata. Acoperiți și gătiți la LOW timp de încă 4 până la 6 ore. Se amestecă din când în când.
2. Serviți cu rulouri calde și salată de varză.
3. Se servește 8 până la 10.

Reteta Crockpot Ribs

INGREDIENTE

- 3-4 kilograme de coaste

- 1/2 lingurita sare

- 1/2 lingurita piper

- 1 ceapa taiata felii

- 1 sticlă de 16 uncii de sos grătar

PREGĂTIREA

1. Se presară cotletele cu sare și piper. Puneți coastele în tigaie sub broiler timp de 15 minute pentru a se rumeni. Puneți ceapa tăiată felii într-o oală. Tăiați coastele în bucăți și puneți-le în Crock-pot. Se toarnă sosul de grătar. acoperi; gătiți la foc mic timp de 8-10 ore (la maxim 4-5 ore). 3-4 portii.

Crockpot în stil rustic Coaste dulci și acrișoare

INGREDIENTE

- 1 1/2 până la 2 lire sterline de coaste rustice dezosate
- 1 lingurita praf de ceapa
- 1/2 lingurita putere de usturoi
- sare si piper
- .

Sos:

- 3 linguri de otet
- 3 linguri amidon de porumb
- 1/2 cană zahăr
- 1 lingura de sos de soia, putina sare
- 1 ardei dulce mare, tăiat în bucăți de 1 inch

PREGĂTIREA

1. Pune coastele în aragazul lent; se adauga praf de ceapa, pudra de usturoi si se presara cu sare si piper. Acoperiți și gătiți la LOW timp de 5 ore. Scurgeți lichidele. Combinați ingredientele pentru sos sau folosiți aproximativ 1/2 cană de sos dulce-acru achiziționat cu ardeii; se toarnă peste carnea de porc. Acoperiți și gătiți încă 2 până la 3 ore. Serve de la 6 la 8.

Kielbasa încrustată

INGREDIENTE

- 1/2 kg carne de vită macră

- 1 kilogram kielbasa sau cârnați afumat, tăiați în felii de aproximativ 1/2 inch grosime

- 1 conserve (28 uncii) de roșii, nescurcate

- 1 1/2 până la 2 căni de fasole verde congelată în stil francez

- 1 conserve de măsline coapte întregi, aproximativ 6 uncii, scurse

- 1/2 pahar de vin roșu sec

- 3 catei de usturoi, tocati

- 1 ceapă feliată și separată în rondele

- 1 ardei verde mediu, tocat

- 1 lingurita frunze de busuioc uscat, tocate

- 1 lingurita oregano uscat, tocat

- 1/2 lingurita de cimbru de frunze uscate, tocat

- 1/4 lingurita piper negru macinat

- 1 kilogram de paste la alegere

- 4 uncii parmezan proaspăt ras

PREGĂTIREA

1. Într-o tigaie medie, rumeniți carnea de vită slabă. Când s-au rumenit, se transferă într-un aragaz lent. Adăugați toate celelalte ingrediente, cu excepția pastelor și parmezanul. Acoperiți și gătiți la LOW timp de 6-8 ore. Gatiti pastele conform instructiunilor. Pentru a servi, puneți kielbasa peste paste în boluri mari. Dați parmezanul pentru a ornat.

Grătar de porc din sud

INGREDIENTE

- friptură de umăr de porc de 4 până la 5 lire (cap)
- 2 cepe mari, feliate
- 4 până la 6 cuişoare întregi
- 2 căni de apă
- 1 sticlă (16 uncii) sos grătar, la alegere
- 1 ceapă mare, tocată, aproximativ 1 cană
- sandvişuri mari, prăjite sau reîncălzite

PREGĂTIREA

1. Pune jumătate din ceapa feliată în fundul unui aragaz lent. Adăugaţi friptura de porc, cuişoarele şi apa. Adăugaţi ceapa rămasă feliată. Acoperiţi şi gătiţi 8 până la 12 ore la LOW. Îndepărtaţi oasele şi grăsimea din carne. Aruncaţi ceapa, cuişoarele şi apa. Tocaţi carnea şi puneţi-o înapoi în oală. Adaugati ceapa tocata si sosul gratar. Gatiti inca 2 1/2 pana la 4 ore la LOW, amestecand des pentru a evita arderea.
2. Serviţi pe rulouri mari împărţite.
3. Pentru aproximativ 12-16 porţii.

Hot Pot olandez

INGREDIENTE

- 2 kilograme de umăr de porc dezosat, tăiat cubulețe

- 1/4 cană făină universală

- 1 lingura de sare

- 1 lingurita frunze de cimbru uscat, maruntite

- 1 lingurita de seminte de coriandru tocate

- 1/4 lingurita piper negru

- 1 conserve (15 uncii) de fasole pinto, roșie sau albă, cu lichid de rezervă

- apa clocotita sau supa de pui

- 4 cartofi medii tăiați în felii de 1/4 inch (roșu, alb rotund, cartofi noi sau alt soi de ceară)

- 4 cepe medii, feliate

- 6 morcovi tăiați în bucăți de 4".

- 2 linguri de unt

PREGĂTIREA

1. Tăiați grăsimea vizibilă din carnea de porc. Treceți cuburile de porc cu făină pentru a le îmbrăca bine.
2. Combinați sarea, cimbrul, semințele de coriandru zdrobite și piperul; Rezervă.
3. Scurgeți lichidul din fasole într-o cană de măsurare cu 2 căni; adăugați apă clocotită pentru a face 1-1/2 căni.
4. Aranjați legumele și bucățile de porc în aragazul lent, în următoarea ordine, stropind fiecare strat cu amestecul de condimente: jumătate din cartofi, ceapă, carne de porc, fasole și morcovi.
5. Repetați cu legumele rămase, carnea de porc și amestecul de condimente pentru un al doilea strat.
6. Se toarnă lichid peste; uns cu unt.
7. Acoperiți și gătiți la foc mic timp de 8 ore sau la maxim 4 ore sau până când carnea și legumele sunt fragede.

Sandvișuri ușor de porc la grătar

INGREDIENTE

- 1 friptură de umăr de porc dezosată, aproximativ 2 1/2 până la 3 lire sterline

- 1 cană ceapă tocată

- 1 sticlă (12 uncii) de sos pentru grătar, preferatul tău

- 3-4 linguri de miere sau dupa gust

- un praf de ardei iute picant

- sandvișuri

- salata de varza, optional

PREGĂTIREA

1. Puneți friptura de porc într-un cuptor lent uns ușor cu uns de 3 1/2 până la 5 litri.
2. Combinați ceapa, sosul de grătar, mierea și ardeiul iute; se toarnă peste friptură.
3. Acoperiți și gătiți la LOW timp de 7-9 ore.
4. Serviți pe rulouri, acoperite cu râmă, dacă doriți.

Coaste ușoare de grătar în crockpot

INGREDIENTE

- Coaste 3-4 lbs

- o oală mare cu apă

- un borcan cu sos gratar

PREGĂTIREA

1. Întotdeauna gătesc coaste în oală. Sunt usoare si delicioase. Cumpăr un pachet mare de coaste de 3-4 lire. Le alb într-o oală mare cu apă (aproximativ 45 de minute până la 1 oră), apoi le scurg și pun coastele în oala de covoare. Apoi turnam deasupra un borcan cu sos gratar si gatesc la LOW aproximativ 8 ore. Ele apar de fiecare dată.

Grătar ușor Crockpot

INGREDIENTE

- 1 friptură de porc (umăr, fund, picnic proaspăt), aproximativ 4 lbs
- 1 ceapă mare, feliată
- 4 până la 6 căței de usturoi, tocați
- 1 sticlă (aproximativ 16 uncii) sosul tău preferat pentru grătar

PREGĂTIREA

1. Rumeniți friptura de porc într-o tigaie cu un strop de ulei. Curățați și feliați 1 ceapă mare. Pune jumătate din ceapă în fundul oală. Puneți friptura într-o oală de vase și adăugați 1/2 cană de apă. Adăugați ceapa rămasă și usturoiul. Acoperiți și gătiți la viteză mică timp de 9 până la 11 ore; scoatem carnea si lasam sa se raceasca cat sa se descurce. Aruncați ceapa și sucurile într-o oală lentă sau într-o oală. Tăiați friptura în bucăți mici sau mărunțiți-l cu furculițele. Puneți-l înapoi într-un crockpot și adăugați o ceașcă sau mai multe de sos grătar (până ce devine suculent, cât doriți).
2. Continuați să gătiți la LOW timp de 1 1/2-3 ore sau până când aromele sunt amestecate.
3. Serviți carnea de porc tocată pe chifle și treceți peste sosul grătar rămas.
4. Se servește 8 până la 10.

Cotlete ușoare de porc și cartofi Crockpot

INGREDIENTE

- 1 cutie de cartofi festonati cu branza, inclusiv ingredientele necesare prepararii

- 3/4 cană brânză cheddar mărunțită

- 4 până la 6 cotlete de porc

PREGĂTIREA

1. Urmați instrucțiunile de pe cutie pentru a pregăti cartofii. Adăugați 3/4 cană brânză Cheddar tăioasă la amestec. Transferați amestecul de cartofi într-o oală de vase pulverizată cu spray de gătit antiaderent. Așezați cotletele de porc deasupra cartofilor. Acoperiți și gătiți timp de 6 ore la foc mic.
2. Porti 4.

Sunca El Paso

INGREDIENTE

-
3 cani de sunca fiarta taiata cubulete

- 2 căni de brânză Monterey Jack măruntită (8 uncii) sau amestec de brânză mexicană

- 1 cutie (8 uncii) sos de rosii

- 1 cutie (4 uncii) de ardei iute verde, fără seminţe şi tocat

- 1 ceapa medie, tocata marunt

- câteva picături de sos chilli îmbuteliat

- 1 tavă pâine de porumb proaspăt coptă, tăiată felii

PREGĂTIREA

1. Într-o oală, combinaţi şunca tăiată cubuleţe, brânza, sosul de roşii, ardei iute verzi, ceapa şi sosul chili. Acoperiţi şi gătiţi la LOW timp de 2 ore. Împărţiţi felii de pâine de porumb caldă; turnaţi amestecul de şuncă peste jumătatea inferioară, apoi deasupra cu jumătatea superioară de felie de pâine de porumb şi mai mult amestec de şuncă. Serve de la 6 la 8.

Coaste la fermă

INGREDIENTE

- 2 1/2 până la 3 kilograme de coaste de porc în stil rustic, dezosate
- 1 lingura. ulei
- 1 ceapă mare, tăiată în sferturi și feliată de 1/4 până la 1/2 inch grosime
- .
- Sos:
- 1/3 cană sos de soia cu conținut scăzut de sodiu
- 1/2 cană de ketchup
- 1 lingura. mustar preparat
- 3 linguri. zahar brun
- 2 catei de usturoi, tocati
- Un praf de piper negru
- 2 linguri. oțet de mere
-
1 lingurita de seminte de telina

PREGĂTIREA

1. Tăiați excesul de grăsime de pe coaste. Intr-o tigaie mare se rumenesc coastele in ulei; transfera in slow cooker. Asezati feliile de ceapa pe cotlete de porc. Combinați toate ingredientele rămase; se toarnă peste coaste și ceapă. Acoperiți și gătiți la foc mic timp de 8-10 ore.
2. Porți 6.

Coaste de porc cu fructe

INGREDIENTE

- 4 cotlete de porc dezosate sau cu os, de aproximativ 3/4 până la 1 inch grosime
- 1/2 lingurita sare
- 1 praf de piper
- 1 lingura de mustar preparat
- 2 linguri de otet de vin
- 1/8 lingurita de cimbru uscat sau tarhon
- 1 cutie (17 oz) cocktail de fructe, scurs, sirop rezervat
- 2 linguri amidon de porumb
- 2 linguri de apă rece
- orez fierbinte pentru 4

PREGĂTIREA

1. Se presară cotlete de porc cu sare și piper. Puneți în aragazul lent sau crockpot. Combinați muștarul, oțetul și cimbru sau tarhon. Scurgeți cocktailul de fructe; adăugați 1/2 cană de sirop din fructe în amestecul de muștar. Se toarnă peste cotlete de porc crockpot. Acoperiți și gătiți la LOW timp de 5 până la 7 ore sau până când carnea de porc este fragedă.
2. Scoateți cotletele de porc și păstrați la cald; întoarceți crockpot la HIGH. Dizolvați amidonul de porumb în apă; se amestecă în oală. Adăugați cocktailul de fructe scurse; se acopera si se fierbe la foc mare aproximativ 20 de minute.
3. Turnați sosul de fructe peste cotlete și serviți peste orez.

Glased Sun in Bag

INGREDIENTE

- 1 sunca conservata, 5 lbs
- 1/4 cană marmeladă de portocale
- 1 lingură grămadă de muştar în stil Dijon sau îndrăzneţ şi picant
- 1 x sac mare de copt

PREGĂTIREA

1. Scoateţi şunca din cutie şi clătiţi orice gelatină aderată de carne. Puneţi şunca în punga de gătit. Ungeti blatul sunca cu un amestec de dulceata si mustar. Sigilaţi plicul cu o cravată cu fermoar. Puneţi punga în aragazul lent, apoi faceţi 4 găuri în partea de sus pentru a lăsa aburul să scape. Acoperiţi şi gătiţi la LOW timp de 6-8 ore.
2. Serviţi şunca cu sosul de dulceaţă.

Ardei iute verde prăjit

INGREDIENTE

- 1 friptură medie de porc
- 2 conserve (4 uncii fiecare) ardei iute verde, tocat
- 2 conserve (14,5 uncii fiecare) de roșii tăiate cubulețe
- 1 cană ceapă tocată
- 1/2 - 1 cutie mică (4 oz) de jalapenos fierbinți, tăiate cubulețe (opțional)
- Sare si piper dupa gust

PREGĂTIREA

1. Acoperiți friptura cu apă în slow cooker/Crock Pot și fierbeți peste noapte sau aproximativ 8 ore. Lasa sa se raceasca. Scoateți carnea de pe os și împărțiți-o în bucăți mai mici. Adăugați în bulion carnea, roșiile, ardeiul iute și ceapa tăiată cubulețe. Adăugați aproximativ 2 lingurițe de sare și 1/2 linguriță de piper. Se lasa la fiert inca 8 ore. Se îngroașă cu făină și apă.
2. Se lasa sa se odihneasca peste noapte la frigider. Serviți a doua zi singur, cu tortilla sau deasupra burritos.

Muschiă de porc „verde".

INGREDIENTE

- 2 kilograme de coastă de porc sau muschie dezosate, tăiate și tăiate în cuburi foarte mici
- sare si piper
- 1/4 cană făină
- 2 linguri de ulei de măsline
- 1 1/2 cani de telina taiata cubulete
- 1 cană ceapă tocată
- 2 catei de usturoi, tocati
- 2 cesti supa de pui
- 3 până la 6 linguri inele jalapeno scurse sau ardei dulce tocat
- 1 cană morcovi tăiați juliană
- 2 cartofi medii, tăiați cubulețe
- 1 kilogram de tomate, coaja îndepărtată, spălată și tăiată cubulețe
- 2 conserve (14,5 uncii fiecare) de roșii tăiate cubulețe
- 1 lingura chimen macinat
- 2 lingurite pudra de chili
- un praf de oregano uscat
- sos picant, dupa gust
- Sare si piper dupa gust
- coriandru proaspăt tocat, opțional

PREGĂTIREA

1. Stropiți ușor cuburile de porc cu sare și piper; se amestecă cu făina. Încinge 2 linguri de ulei de măsline într-o tigaie mare; se adauga carnea de porc si se caleste, amestecand, pana se rumeneste bine; transferați în aragazul lent 5 până la 6 litri. În aceeași tigaie, adăugând puțin ulei dacă este necesar, căliți țelina și ceapa până se înmoaie. Adăugați usturoiul, bulionul de pui și ardeii jalapeno sau ardeii dulci, amestecând și răzuind bucățile rumenite de pe fundul tigaii.
2. A pune deoparte.
3. Între timp, adăugați morcovii, cartofii și tomatele în aragazul lent. Se toarnă peste roșii, apoi se adaugă amestecul de ceapă și țelină din tigaie. Se amestecă pentru a combina ingredientele. Acoperiți și gătiți la foc mare timp de 3 ore sau la foc mic timp de 6 ore. Adăugați condimente. Gătiți încă 1 până la 2 ore la MARE sau încă aproximativ 2 până la 3 ore la LOW. Gustați și ajustați condimentele. Serviți cu o stropire de coriandru, dacă doriți, și pâine de porumb caldă.
4. Serve de la 6 la 8.

Chiftele de șuncă

INGREDIENTE

- 2 kg șuncă măcinată

- 1 cană firimituri de biscuiți

- 2 oua

- Vârf de cuțit de sare

- .

- Sos:

- 1 cană de zahăr brun la pachet

- 1/2 cană oțet

- 1 lingura. mustar preparat

- 1 cană apă fierbinte

PREGĂTIREA

1. Se amestecă primele patru ingrediente şi se formează bile; puneţi într-un aragaz lent.
2. Se toarnă sosul peste chiftelele cu şuncă; acoperiţi şi gătiţi timp de 2 până la 3 ore la maxim sau 4 până la 6 ore la mic. Se serveşte 8 până la 10.

Caserolă cu șuncă brună și brânză

INGREDIENTE

- 32 uncii de cartofi prăjiți de casă în stil sudist, decongelați
- 1 cutie (aproximativ 10 ½ uncii) supă de cheddar condensată, nediluată
- 1 cutie (aproximativ 10 ½ uncii) supă cremă condensată de țelină, nediluată
- 8 uncii de smântână ușoară
- 1 buchet (aproximativ 8) ceapa verde, curatata si taiata felii subtiri
- 1 borcan (2 uncii) de ardei gras tăiat cubulețe, scurs
- 8 până la 12 uncii șuncă fiartă, tăiată cubulețe
- 1 linguriță de condimente în stil creol sau cajun
- 1/4 lingurita piper negru macinat
- 2 linguri de unt topit

PREGĂTIREA

1. Combinați toate ingredientele în slow cooker; se amestecă ușor pentru a se combina.
2. Acoperiți și gătiți la LOW timp de 5-6 ore.

3. Porți 8.

Șuncă în cidru

INGREDIENTE

• 1 șuncă complet fiartă, de aproximativ 5 kilograme, suficient de mică pentru a încăpea într-un aragaz lent

• 4 căni de suc de mere sau cidru, pentru a acoperi

• 8 până la 10 cuișoare întregi

• Smalț

• 2 lingurițe de muștar uscat

• 1 cană de zahăr brun strâns ambalat

• 1 lingurita cuisoare macinate

•
2 căni de stafide aurii fără semințe

PREGĂTIREA

1. Puneți șunca într-un aragaz cu sucul de mere pentru a acoperi și cuișoarele; acoperiți și gătiți la LOW timp de 10-12 ore. Înainte de servire, scoateți șunca și lăsați-o deoparte. Încinge cuptorul la 375°. Faceți o pastă cu muștarul, cuișoarele și o lingură mică de cidru fierbinte. Scoateți pielea exterioară de pe șuncă (dacă există). Ungeți șunca cu pastele. Se aseaza pe o tava de copt. Se toarnă 1 cană de cidru fierbinte și se adaugă stafidele.
2. Coaceți în cuptorul preîncălzit timp de 30 de minute, sau până când aluatul s-a transformat într-o glazură. Cidrul va fi redus suficient pentru a face un sos gustos de stafide pentru șuncă.

Şuncă În Crockpot

INGREDIENTE

- 2 1/2 cani de sunca taiata cubulete
- 8 cartofi medii, feliați
- Sare si piper
- 2 cepe mici, feliate
- 1 ardei verde, feliat
- 1 conserve (10 1/2 uncii) Supă de brânză Cheddar

PREGĂTIREA

1. Într-o oală, puneți un strat de şuncă, cartofi, sare şi piper, ceapă feliată şi piper verde. Într-un castron, combinați 1 cutie de supă cheddar, 2 linguri de apă şi un strop de muştar preparat; se toarnă peste tot. Se fierbe la foc mic timp de 7 până la 9 ore, până când cartofii sunt fragezi.
2. Porţi 6.

Sunca si hash Browns

INGREDIENTE

- 1 pachet mare de cartofi prăjiți congelați (32 uncii)
- 1 cutie (10 3/4 uncii) supă cremă condensată de ciuperci
- 2 căni de brânză Cheddar mărunțită
- 1 (10 3/4) cutie Supă de brânză Cheddar condensată
- 1 până la 2 căni de mazăre congelată
- 1 cană de lapte
- 1 cutie de șuncă, corned beef sau Spam, tăiată cubulețe, aproximativ 1 până la 2 căni
-

sare si piper

PREGĂTIREA

1. Amestecă toate ingredientele într-un aragaz lent și asezonează după gust cu sare și piper. Acoperiți și gătiți la maxim 4 ore sau la scăzut 8 ore.
2. Serve de la 6 la 8.

Caserolă cu șuncă și tăiței

INGREDIENTE

-
1 cană tăiței cruzi

-
ulei vegetal

-
1 cana sunca fiarta taiata cubulete

- 1 cutie (10 3/4 uncii) crema condensata de supa de pui
- 1 conserve (12 până la 16 uncii) de porumb întreg, scurs
- 1 lingura ardei iute tocat
- 3/4 cană brânză Cheddar măruntită
- 1/4 cană ardei verde tocat
- piper negru măcinat sau după gust

PREGĂTIREA

1. Gătiți tăițeii în apă clocotită cu sare, conform instrucțiunilor de pe ambalaj, până când se înmoaie, aproximativ 5 până la 6 minute. Scurgeți și stropiți tăițeii fierți cu 2 până la 3 lingurițe de ulei vegetal, cât să le aromatizeze. Adaugati pastele, sunca, supa crema de pui, porumb, fulgi de ardei rosu, branza, ardei macinat si ardei gras verde in oala unsa cu unt; se amestecă ușor pentru a se combina. Acoperiți și gătiți la LOW 6-7 ore. Gustați și ajustați condimentele.
2. Se serveste de la 3 la 4.

Cartofi, șuncă și parmezan

INGREDIENTE

- 4 până la 6 cartofi medii, tăiați în cuburi de 1/2 inch (aproximativ 6 căni)
- 1 ceapă mare, tocată grosier
- 1 friptură de șuncă (aproximativ 3/4 lb), tăiată cubulețe
- piper, după gust
- 1/2 lingurita fulgi de patrunjel uscat
- 1/2 lingurita de seminte de telina
- 3/4 cană parmezan proaspăt, ras
- 1 pachet (1 1/4 uncie) amestec de sos de țară
- 1/2 cană apă
-
1/4 cană lapte evaporat

PREGĂTIREA

1. Aranjați cartofii, ceapa și șunca pe fiecare strat, stropiți cu condimente, brânză rasă și sos. Adaugă apă; acoperiți și gătiți aproximativ 7-9 ore la mic sau 4-5 ore la maxim. Se amestecă ușor laptele evaporat și se servește.
2. Porți 4.

Flan de șuncă și legume

INGREDIENTE

- 4 până la 6 cartofi, feliați de aproximativ 1/4 inch grosime (aproximativ 5 căni feliate)

- 1 până la 1 1/2 căni de morcovi pentru copii

- 3 felii de batoane de telina

- 1/2 cană ceapă tocată

- 2 lingurite de seminte de chimen, optional

- Sare si piper dupa gust

- 1 sau 2 fripturi de șuncă afumată complet fierte, tăiate în porții (aproximativ 2 kg)

- 1 cutie (10 uncii) cremă de țelină 98% fără grăsimi

-

1/2 cană smântână ușoară

PREGĂTIREA

1. Aranjați legumele în straturi, stropiți cu semințe de chimen, sare și piper; chestii cu șuncă. Întindeți supa uniform peste șuncă. Acoperiți și gătiți la foc mic 7-9 ore. Cu aproximativ 20-30 de minute inainte de servire adaugam smantana si amestecam usor; continuați să gătiți la foc mic timp de 20-30 de minute.
2. Serve de la 6 la 8.

Șuncă în sos de piersici

INGREDIENTE

- 2 morcovi, feliați subțiri

- 2 cepe medii, feliate

- 2 tulpini de telina, taiate cubulete

- șuncă dezosată complet fiartă, de 4 până la 5 kilograme
- 1 pahar de vin alb sec
- 2 cutii de sirop de piersici, 16 oz

- 3 linguri amidon de porumb

- 3 linguri de suc de lamaie

- 1 lingura de unt

PREGĂTIREA

1. Puneți morcovii, ceapa și țelina într-o oală. Puneți șunca pe legume; se toarnă vinul peste șuncă. Acoperiți și gătiți la foc mic timp de 6-7 ore. Scurge piersicile, rezervând siropul. Combinați amidonul de porumb și siropul într-o cratiță. Gatiti, amestecand continuu, pana cand siropul este gros si limpede. Adăugați jumătățile de piersici, sucul de lămâie și untul. Gatiti pana se incalzeste. Scoateți șunca, puneți-o pe o farfurie. Nu tăiați până când șunca nu este rece. Turnați piersicile și sosul în liner și amestecați cu legumele.
2. Serviți sosul de piersici iute peste șuncă.

Tetrazzini cu sunca

INGREDIENTE

- 1 cutie de supă cremă condensată de ciuperci, (10 3/4 oz)
- 1/2 cană lapte evaporat sau lapte opărit
- 1/2 cană parmezan ras
- 1 1/2 cani cu sunca fiarta
- 1/2 cană măsline umplute, feliate (opțional)
- 1 (4 oz) cutie de ciuperci feliate, scurse sau 4 până la 6 uncii de ciuperci proaspete sotate
- 1/4 cană sherry uscat sau vin alb
- 1 pachet spaghete, (5 uncii)
- 2 linguri de unt, topit
- Parmigiano Reggiano, ras, pentru ornat
- patrunjel tocat, pentru ornat, optional

PREGĂTIREA

1. Combinați toate ingredientele, cu excepția spaghetelor și a untului, într-un aragaz lent de 3 1/2 până la 4 litri. Acoperiți și gătiți la foc mic timp de 6-8 ore. Chiar înainte de servire, gătiți spaghetele urmând instrucțiunile de pe ambalaj; le scurgem si le asezonam cu untul topit. Amestecați spaghetele în slow cooker. Inainte de servire se presara cu parmezan si patrunjel.
2. Porti 4.
3. Dublați ingredientele pentru o oală de 5 până la 6 litri și gătiți pentru aceeași perioadă de timp.

La mulți ani porc

INGREDIENTE

- Friptură de porc dezosată, aproximativ 3 kg
- 1 kg de cârnați afumat
- Knockwurst de 1 kilogram
- 1 kilogram de varză murată, ambalată sau conservată, clătită și scursă
- 1/2 cană zahăr brun
- 1 lingura seminte de fenicul, chimen sau anason
-

3 linguri muștar preparat

PREGĂTIREA

1. Puneti carnea de porc si carnatii intr-o oala de lut. Intr-un castron combinati ingredientele ramase si turnati peste carnea de porc si carnati. Acoperiți și gătiți la LOW timp de 8-10 ore.
2. Notă de la Eve:
3. Servim această masă cu piure de cartofi, fasole verde și pâine de casă cu ouă. Se dovedește cu adevărat fragedă și delicioasă. De asemenea, îmi place să-mi întind varza murată pe piureul de cartofi.

Friptură de porc hawaiană

INGREDIENTE

- 1 umăr de porc dezosat (3-4 livre)
- 4 lingurite de fum lichid
- 4 lingurite de sos de soia
- 2 banane coapte, nedecojite
- 1/2 cană apă

PREGĂTIREA

1. Pune friptura de porc pe o bucată de folie rezistentă de 22" x 18". Adăugaţi fumul lichid şi sosul de soia; se presara peste friptura. Spălaţi bananele cu coaja şi puneţi una pe fiecare parte a fripturii de porc. Trageţi părţile laterale ale foliei în jurul fripturii de porc; adăugaţi apă şi sigilaţi bine filmul; înfăşuraţi din nou cu o altă foaie mare. Puneţi într-o tavă de copt puţin adâncă sau un castron; se pune la frigider peste noapte, intoarcendu-se de mai multe ori.
2. Puneţi carnea învelită în folie într-o oală; se fierbe timp de 8-10 ore. Scurgeţi şi aruncaţi bananele şi sucurile. Tăiaţi carnea cu o furculiţă pentru a servi.

Fasole copioasă de petrecere cu carne de vită și cârnați

INGREDIENTE

- 2 conserve (28 uncii fiecare) carne de porc și fasole
- 2 conserve de fasole sau fasole, scurse și clătite
- 1 kilogram de carne de vită macră tocată, muschi sau rotund
- 1 kilogram de cârnați de porc vrac
- 1 ceapă dulce medie, tocată
- 1 ardei rosu mediu, tocat
- 2 catei de usturoi, tocati
- 1 cutie (4 uncii) ardei iute verde dulce tocat
- 2 până la 4 linguri inele de jalapeno scurse, tocate sau după gust, opțional
- 1/2 lingurita sare
- 1/2 linguriță de condimente picante, cum ar fi condimente cajun sau creole
- 1 cană sos grătar, preferatul tău

PREGĂTIREA

1. Se toarnă fasolea într-un aragaz lent de 5 până la 6 litri.
2. Într-o tigaie mare, rumeniți cârnații de vită și porc, despărțindu-l cu o spatulă, până când nu mai devine roz. Se scurge bine si se adauga la fasole. În aceeași tigaie într-o cantitate mică de ulei, dacă este necesar, prăjiți ceapa la foc mediu până se rumenește. Adăugați ardeiul gras roșu și usturoiul; se caleste, amestecand inca 1 minut. Combinați

legumele cu fasolea. Adăugați chili, jalapenos, sare, condimente și sos de grătar.
3. Se amestecă pentru a combina. Acoperiți și gătiți la foc mare timp de 3-4 ore sau la foc mic timp de 6-8 ore.
4. Serve de la 6 la 8.

Holly este cel mai ușor Kielbasi vreodată

INGREDIENTE

-
- 3 lire kielbasa
- 1 pungă de varză murată, scursă și clătită
- 1 borcan mediu sos de mere (nu folosiți stil aromatizat)
- 1 12 oz. cutie sau sticla de bere

PREGĂTIREA

1. Amestecați varza murată și sosul de mere; puneți în fundul vasului. Tăiați kielbasa în bucăți de mărimea unei porții și puneți-le deasupra varză murată. Se toarnă berea peste tot. Acoperiți și gătiți la foc mic timp de 7 până la 8 ore sau la maxim timp de 3 1/2 până la 4 ore. Dacă sunteți acasă în timp ce acest fel de mâncare se gătește, nu ezitați să-l amestecați din când în când. Îl servesc pe rulouri lungi și tari cu salată aruncată.

Coaste Chipotle cu miere

INGREDIENTE

- 2 suporturi pentru coaste, tăiate în 2 sau 3 porții de coaste
- Sare si piper
- 1 1/2 cani de ketchup
- 1/3 cană miere
- 1/4 cană ceapă tocată
- 1 1/2 linguri sos Chipotle Tabasco, sau dupa gust
- 1 lingură sos Worcestershire
- 2 lingurite pudra de chili
- 1 lingura de mustar preparat
- 2 linguri de otet de cidru
- 1/2 lingurita praf de usturoi
- 1/2 lingurita sare
- 1/4 lingurita piper negru macinat

PREGĂTIREA

1. Încinge cuptorul la 375°.
2. Tapetați o tavă mare de copt (cu părți laterale) cu folie rezistentă. Puneți secțiunile de coastă, cu partea de coastă în jos, pe tava de copt. Gatiti 1 ora.
3. Combinați ingredientele rămase într-un robot de bucătărie sau blender; procesați până la omogenizare.
4. Transferați coastele în aragazul lent; se acopera cu ceapa si se toarna peste tot sosul gratar chipotle. Gatiti la LOW timp de 8-10 ore sau HIGH pentru aproximativ 4-5 ore.
5. Porti 4.

File de porc Dijon cu miere

INGREDIENTE

- 2 muschii de porc, de aproximativ 1 kg fiecare
- sare si piper
- 1 cățel mic de usturoi, tocat
- 4 linguri muştar Dijon granulat sau rustic
- 2 linguri de miere
- 2 linguri de zahar brun
- 1 lingura otet de cidru sau otet balsamic
- 1/2 lingurita frunze de cimbru uscat, maruntite
- 1 lingura de amidon de porumb
- 1 lingura apa rece

PREGĂTIREA

1. Se spala si se curata carnea de porc si se usuca; se presara usor cu sare si piper. Pune carnea de porc în aragazul lent. Combinați usturoiul, muștarul, mierea, zahărul brun, oțetul și cimbru; se toarnă peste carnea de porc. Întoarceți carnea de porc pentru a se acoperi bine. Acoperiți și gătiți la LOW timp de 7-9 ore sau la HIGH pentru 3 1/2-4 1/2 ore.
2. Transferați carnea de porc pe o farfurie, acoperiți cu folie și păstrați-l la cald. Turnați sucurile într-o cratiță și aduceți la fierbere la foc mediu.
3. Se fierbe timp de 8 până la 10 minute sau până când se reduce cu aproximativ o treime. Combina amidonul de porumb si apa rece; se amestecă cu zeama redusă și se fierbe încă 1 minut. Serviți carnea de porc feliată cu sucul îngroșat.
4. Porți 6.

Șuncă glazurată cu miere

INGREDIENTE

- 3-4 kilograme de șuncă fiartă dezosată 3
- 1 cutie Sprite sau 7-Up (12 oz)
- 1/4 cană miere
- 1/2 lingurita mustar uscat
- 1/2 lingurita cuisoare macinate
-
1/4 lingurita de scortisoara macinata

PREGĂTIREA

1. Puneți șunca și sifonul în aragazul lent. Acoperiți și gătiți la LOW 6 până la 8 ore, (3 până la 4 ore la HIGH). Aproximativ 30 de minute înainte de servire, combinați mierea și condimentele și amestecați cu 3 linguri de picurare de pe fundul oală de gătit lentă/oala.
2. Întindeți glazura peste șuncă și continuați să gătiți. Lasam sunca sa se odihneasca 15 minute inainte de a o feli.
3. Se servește 12 până la 16

Coaste glazurate cu miere

INGREDIENTE

- 2 kg de coaste înclinate înapoi

- 1 conserve (10 1/2 uncii) bulion de vită condensat

- 1/2 cană apă

- 2 linguri sirop de artar

- 2 linguri miere

- 3 linguri sos de soia (scăzut în sodiu)

- 2 linguri sos gratar

- 1/2 lingurita mustar uscat

PREGĂTIREA

1. Puneți coastele de porc pe un grătar și gătiți timp de 15 minute. Scurgeți bine. Tăiați coastele în bucăți mari. Combinați ingredientele rămase în slow cooker sau crockpot; amesteca bine. Adăugați coaste; acoperiți și gătiți la foc mic timp de 8 până la 10 ore sau la maxim timp de 4 până la 5 ore.
2. Porti 4.

Şuncă Miere şi Legume

INGREDIENTE

-
- 3 kilograme de şuncă fiartă întreagă
- 4 până la 6 cartofi dulci medii, fără coajă, tăiaţi la jumătate
- 1 legătură de morcovi
- 1 cană de bere cu ghimbir
- .

Smalţ:

- 1/2 cană miere
- 1/4 lingurita de scortisoara macinata
- 1/4 lingurita cuisoare macinate
- 1/2 lingurita mustar uscat

PREGĂTIREA

1. Curăţaţi cartofii dulci şi curăţaţi-i de coajă. Tăiaţi în jumătate. Curăţaţi morcovii şi tăiaţi-le pe diagonală în lungimi de 2 inci. Puneţi legumele în fundul vasului, puneţi

șunca deasupra și turnați bere de ghimbir deasupra. Acoperiți și gătiți la LOW timp de aproximativ 8 ore sau până când legumele sunt doar fragede. Amestecă aproximativ 2 linguri de lichid din oală cu ingredientele pentru glazură într-o cană de măsurare unsă cu unt și toarnă peste șuncă. Continuați să gătiți la LOW timp de 1 sau 2 ore, ungem des.
2. Tăiați șunca în felii subțiri, serviți cu legume.

File de porc cu muştar cu miere

INGREDIENTE

- 1 ceapă medie, tăiată în jumătate, feliată grosime de 1/4 inch
- 1 1/2 până la 2 lire muschi de porc, 2 fileuri
- 1/4 cană amestec de muştar de Dijon cu miere
- 2 linguri de otet balsamic
- 1 lingura de zahar brun
- 1/4 lingurita frunze de cimbru uscat
- Un praf de usturoi pudra, optional
-

Sare si piper

PREGĂTIREA

1. Aranjaţi felii de ceapă în partea de jos a unui aragaz lent de 4 până la 6 litri. Taiati excesul de grasime din muschii de porc si taiati-le in jumatate in cruce.

2. Într-un castron mic, combinați muștarul, oțetul, zahărul brun, cimbru și pudra de usturoi, dacă folosiți. Ungeți bucățile de file de porc cu amestecul și aranjați-le peste ceapă. Turnați amestecul rămas de muștar cu miere peste carnea de porc.
3. Tăiați dovlecelul în felii groase (de 1/2 până la 1 inch grosime) și aranjați deasupra cărnii de porc.
4. Se presară cu sare și piper.
5. Acoperiți și gătiți la LOW timp de 6 ore sau la HIGH pentru 3 ore.
6. Dacă este posibil, ungeți cu sosul la jumătatea gătitului.
7. 4 până la 6 porții.

Rulouri de hot dog și bacon

INGREDIENTE

- 2 kg de hot dog
- 20 de felii de bacon
- 2 căni de zahăr brun deschis, la pachet
- 1/2 lingurita mustar macinat
- 1/2 lingurita praf de usturoi
- 2 lingurite pudra de chili

PREGĂTIREA

1. Tăiați hot-dog-urile în jumătate în cruce. Tăiați feliile de slănină în jumătate în cruce. Într-un castron, combina zahărul brun, muștarul, pudra de usturoi și pudra de chili.
2. Înfășurați fiecare bucată de hot dog într-o felie de slănină; asigurați cu scobitori. Puneți un strat de rulouri de hot dog într-o oală. Presărați peste strat aproximativ 1/3 din amestecul de zahăr brun. Repetați, făcând încă 2 straturi, terminând cu amestecul de zahăr brun. Acoperiți și gătiți la foc mare timp de 4 ore, amestecând ușor de câteva ori.
3. Rotiți la LOW pentru a servi.
4. Pentru 40 de aperitive.

Sandvișuri fierbinți cu șuncă și sparanghel

INGREDIENTE

- 1/2 kg sunca, tocata

-
- 1 buchet de sparanghel, curatat si tocat
- 1 cutie supa crema condensata de sparanghel
- 8 uncii de brânză Gouda afumată, tăiată cuburi
- 4 cepe verzi (cepe cu verdeata), taiate felii
- 1/4 cană ardei roșu dulce sau ardei iute tocat

PREGĂTIREA

1. Combinați șunca și sparanghelul și toate celelalte ingrediente în oala de gătit lent/oala. Acoperiți și gătiți la LOW timp de 3 până la 4 ore. Se servește fierbinte peste cornuri sau pâine prăjită.
2. Porti 4.

Cotlete de porc calde și picante

INGREDIENTE

- 2 batoane de telina, feliate
- 1 cană ceapă tocată
- 6 până la 8 cotlete de porc dezosate, de 3/4 până la 1 inch grosime
- 1 ardei verde, tăiat fâșii
- 1 ardei rosu, taiat fasii
- 1/2 lingurita piper negru macinat grosier sau piper condimentat
- 1/4 lingurita piper cayenne, optional
- 2 căni de suc de legume picant V-8 sau V-8 și 1/4 linguriță de piper cayenne
- 2 linguri de amidon de porumb, amestecate cu 2 linguri de apa rece

PREGĂTIREA

1. Puneţi ţelina şi ceapa tocată într-o oală. Tăiaţi excesul de grăsime din cotletele de porc; se adaugă în aragazul lent. Presăraţi fâşii de piper în jurul şi între cotlete de porc. Toarnă suc V-8 peste tot. Acoperiţi şi gătiţi la LOW timp de 6 ore. Folosind o lingura cu fanta, transferati cotletele de porc si legumele intr-un vas de servire; tine de cald.
2. Se strecoară sucurile rămase într-o cană de măsurare; degresează grăsimea. Măsuraţi 2 căni de lichid într-o cratiţă. Amestecaţi amestecul de amidon de porumb şi apă.
3. Gatiti, amestecand, la foc mediu pana se ingroasa si clocotesc. Continuaţi să gătiţi încă 2 minute, amestecând des. Serviţi cotletele de porc cu legumele şi sosul iute picant.
4. Serve de la 6 la 8.

Rulouri de varză maghiară

INGREDIENTE

- 1 varză mare, fără miez
- apa clocotita pentru a acoperi miezul de varza
- 1/2 kg carne de porc măcinată
- 1 kilogram de carne de vită macră
- 1/4 cană ceapă tocată
- 1 cană de orez
- 1 ou, batut
- 1 lingura de sare
- 1/2 lingurita piper
- 1 lingura boia
- 2 cani de varza murata, clatite si scurse
- 2 cani de suc de rosii
- 1 cană de apă
- 1 cană smântână

PREGĂTIREA

1. Puneți capul de varză într-un castron mare; se toarnă apă clocotită pentru a acoperi. Lasam sa stea aproximativ 5 minute, sau pana cand varza s-a ofilit. Scurgeți și îndepărtați cu grijă frunzele întregi. Tăiați tulpina grea și aplatizați ușor frunzele.
2. Combinați carnea de vită tocată, ceapa tocată, orezul, ouăle, sare, piper și boia de ardei. Puneți aproximativ 2 linguri din acest amestec de carne și orez pe fiecare frunză de varză; îndoiți părțile laterale spre interior și rulați.
3. Dacă doriți, fixați rulourile cu o scobitoare. Pune rulourile cu cusătura în jos în aragazul lent.
4. Distribuiți varza murată pe rulouri și adăugați sucul de roșii și apa.
5. Se fierbe la foc mic, acoperit, timp de 6-8 ore.
6. Scoateți sarmalele într-o farfurie caldă.
7. Se amestecă 1/2 cană bulion cu smântână; se toarnă peste sarmale.

Varza vânătorului

INGREDIENTE

- 1 varză verde (aproximativ 1 3/4 de lire sterline)
- 1 ceapă mare
- 1 cană slănină crudă tăiată cubulețe
- 1 cană carne de vită măcinată sau tăiată mărunt
- 1 cana carne de porc tocata marunt sau taiata marunt
- 1 1/2 linguriță sare
- 1 1/2 linguriță piper negru măcinat
- 3 căni de cartofi roșii, tăiați în sferturi și felii, de aproximativ 1/4 inch grosime
- 1 cană bulion de vită

PREGĂTIREA

1. Spălați varza și tocați-o. Curățați ceapa și tăiați-o mărunt. Într-o tigaie mare sau într-un cuptor olandez, prăjiți slănina pentru a se face. Adăugați ceapa și prăjiți până se ofilește. Adăugați carnea de vită, porc, sare și piper și continuați să gătiți până când carnea nu mai devine roz. Se adauga varza, cartofii si supa de vita. Acoperiți și gătiți la foc mic până când cartofii sunt fragezi; aproximativ 30 de minute.
2. 4 până la 6 porții.

Gulaş

INGREDIENTE

- 2 felii de bacon, taiate cubulete

- 1 cană ceapă tocată

- 1 1/2 până la 2 kilograme de carne de porc slabă, tăiată în cuburi de 1 inch (sau un amestec de carne de porc şi vită)

- 2 linguri de boia dulce maghiară

- 1/2 lingurita de seminte de chimen

- 1/2 pahar de vin alb sec

- 4 cartofi roşii medii, tăiaţi în cuburi de 1 inch

- 1 ardei verde mare, tăiat în bucăţi de 1 inch

- 1/2 cană supă de pui

- 1 1/2 cani de varza murata, clatite si stoarse

- 1 roşie mare, tăiată cubuleţe

- 8 uncii de smântână uşoară

- Sare si piper dupa gust

PREGĂTIREA

1. Într-o tigaie mare, gătiţi slănina şi ceapa la foc mediu, amestecând, până când slănina devine crocantă.
2. Pune carnea de porc (şi carnea de vită, dacă se foloseşte) în Crock Pot cu boia de ardei, seminţe de chimen, vin, cartofi, ardei, bulion şi varză murată. Adaugam baconul si ceapa si amestecam bine.
3. Acoperiţi şi gătiţi la foc mic timp de 8 până la 10 ore.
4. Cu aproximativ 15-20 de minute înainte de final, adăugaţi roşia tăiată cubuleţe şi smântâna. Se serveste fierbinte.
5. Pentru aproximativ 6 portii.

Carne de porc indoneziană

INGREDIENTE

- 1 friptură de porc dezosată, aproximativ 3-4 kilograme
- Sare si piper dupa gust
- 1 cană de apă fierbinte
- 1/4 cană melasă
- 1/4 cană muștar preparat
- 1/4 cană oțet
- 1/4 cană marmeladă de portocale
- 1 lingurita coaja rasa de portocala sau de lamaie
- 1/4 lingurita de ghimbir macinat

PREGĂTIREA

1. Așezați un suport de metal sau un suport în partea de jos a aragazului lent sau a oalei. Sau creați un „raft" cu câteva fâșii de staniol mototolit.
2. Stropiți friptura de porc cu sare și piper negru proaspăt măcinat; așezat pe suport. Turnați apă fierbinte în jurul fripturii de porc.
3. Acoperiți și gătiți la LOW timp de 5 până la 7 ore sau până când carnea de porc înregistrează cel puțin 145 ° F pe un

termometru alimentar cu citire instantanee introdus în partea cea mai groasă a fripturii.
4. Transferați friptura pe o tigaie sau un grătar pentru grătar.
5. Încinge cuptorul la 400°F.
6. Combinați ingredientele rămase într-o cratiță și amestecați pentru a se combina. Se încălzește până când amestecul începe să fiarbă.
7. Ungeți o parte din amestecul de glazură peste friptură și puneți la cuptor. Frige carnea de porc timp de 30-45 de minute, ungând des cu sosul.
8. Pentru 6-8 portii.

Porcul de insula

INGREDIENTE

- 3 kg friptură de porc dezosată
- 5 până la 6 cuişoare întregi
- 1/2 lingurita nucsoara
- 1/4 lingurita boia
- 1/4 cană de ketchup
- 2 linguri de suc de portocale
- 2 linguri miere
- 1 lingura sos de soia
- 2 lingurite de suc de lamaie
- 1/2 linguriță buchet de gătit (amplificator de sos)

PREGĂTIREA

1. Carne de armăsar cu cuişoare. Pune friptura în aragazul lent; se presara cu boia si nucsoara. Combinaţi celelalte ingrediente şi turnaţi peste friptură. Acoperiţi şi gătiţi la viteză mică 9 până la 11 ore. (mare 4-5 ore) Scoateţi friptura. Dacă doriţi, îngroşaţi sucurile cu 1 1/2 linguriţe de amidon de porumb şi 2 linguri de apă; se întoarce la HIGH şi se fierbe până se îngroaşă.

Cârnați Italiani Cu Spaghete

INGREDIENTE

- 2 kilograme de cârnați italieni (ușoare, calde sau blânde)
- 48 până la 54 uncii sos de spaghete preparat, aproximativ 2 borcane mari
- 1 conserve (6 oz) de pastă de tomate
- ardei verde, feliat subțire
- 1 mare. ceapa, feliata subtire
- 2 linguri de parmezan ras
- 1 lingurita fulgi de patrunjel
- 3/4 cană apă

PREGĂTIREA

1. Puneți cârnații în tigaie și acoperiți-l cu apă. Se fierbe 10 minute; scurgere. Între timp, puneți toate ingredientele rămase în crockpot.
2. Tăiați cârnații italieni în bucăți mari și adăugați-l în oală; acoperiți și gătiți la LOW 4 până la 5 ore.
3. Creșteți la HIGH și gătiți încă 1 oră.
4. Serviți sosul peste spaghete și stropiți cu mai mult parmezan, dacă doriți.
5. Se servește 10 până la 12.

Muschiu de porc condimentat jamaican

INGREDIENTE

- 1/3 cană jeleu de mere

- 1 lingura otet de cidru

- 1/2 lingurita praf de usturoi

- 1 lingura sos de soia (tamari)

- 1/2 lingurita scortisoara

- 1/4 linguriță ienibahar

- 1/4 lingurita piper

- 3 sau 4 picături de sos chili iute

- 2 muschii de porc, taiati in 3-4 bucati fiecare (aproximativ 2 lire)

PREGĂTIREA

1. Se amestecă bine primele 8 ingrediente. Așezați carnea de porc într-o oală de aragaz lentă/crock și turnați amestecul peste ea, amestecând ușor pentru a acoperi toată carnea. Acoperiți și gătiți la foc mic timp de 6-8 ore.
2. 4 până la 6 porții.

Cotlete Crockpot a lui Janet

INGREDIENTE

- 6-8 cotlete de porc

- ketchup sau sos gratar

- 1 ardei gras, tocat

- 1 ceapa, tocata

- 1/4 cană apă

PREGĂTIREA

1. Rumeniți cotletele de porc pe ambele părți într-o tigaie cu puțin ulei vegetal. Ungeți sau întindeți un strat subțire de ketchup peste fiecare cotlet de porc; Se presară cu sare și piper. Adăugați ingredientele rămase. Acoperiți și gătiți la foc mare timp de 3 până la 4 ore.

Kielbasa cu varză

INGREDIENTE

- 1/2 varză de cap, feliată grosier
- 1 cartof mediu, taiat cubulete
- 1 lingurita de sare
- 1/2 lingurita de seminte de chimen, daca se doreste
- 1 ceapă mare, tăiată în jumătate și feliată subțire
- 1 1/2 până la 2 lire kielbasa sau cârnați afumat similar, tăiați în bucăți de 1 inch
- 1 1/2 cani supa de pui

PREGĂTIREA

1. Combinați toate ingredientele în slow cooker, amestecând bine.
2. Acoperiți și gătiți la foc mic timp de 7-9 ore sau la maxim 3-4 ore.
3. 4 până la 6 porții.

Caserolă Kielbasa

INGREDIENTE

- 1 pachet. Kielbasa de curcan sau cârnați afumati, tăiați în rondele de 1 inch
- 1 pungă de Texas Hash Browns congelate (cu ceapă și ardei înăuntru)
- 1 conserve de supă de pui
- 1 conserve de supă de brânză cheddar

PREGĂTIREA

1. Tăiați kielbasa în bucăți. Adăugați toate ingredientele în aragazul lent/Crock Pot UNSE, amestecați. Acoperiți și gătiți la LOW 6-8 ore sau HIGH pentru 3-4 ore.

Knockwurst și varză

INGREDIENTE

- 6 legături knockwurst
- 1/2 lingurita sare
- 1 ceapă medie, feliată subțire
- 1 lingurita de seminte de chimen
- 1 varză mică, tocată
-
- 2 cesti supa de pui

PREGĂTIREA

1. Tăiați knockwurst-ul în bucăți de 2 inci. În Crockpot, aranjați straturi alternative de bucăți de frankfurter cu ceapă și varză. Se presara cu sare si seminte de chimen. Se toarnă supa de pui peste tot. Acoperiți și gătiți la foc mic timp de 5 până la 6 ore sau până când varza este fragedă. Pentru 6 portii.

Cârnați și mere cu conținut scăzut de grăsimi

INGREDIENTE

- 4 mere mediu-rare, decojite, dezlipite și feliate
- 2 kg cârnați afumati, feliați
- 1/4 cană zahăr brun, strâns ambalat
- 1/2 cană ceapă tocată
- 1 lingura de amidon de porumb
- 2 linguri de apă
- 1 lingura de unt
- 1/8 lingurita piper negru
- 1/2 cană jeleu de mere
- 1 lingurita de suc de lamaie
- 1/4 lingurita sare

PREGĂTIREA

1. Puneți merele feliate, cârnații, zahărul brun și ceapa în aragazul lent.
2. Combinați amidonul de porumb și apa, amestecând până la omogenizare, apoi adăugați la amestecul de mere. Adăugați ingredientele rămase și amestecați pentru a se combina.
3. Acoperiți și gătiți la LOW timp de 4-6 ore.

Coaste de arțar și miere

INGREDIENTE

- 2 kg de coaste
- 1 cutie bulion de vită condensat (10 1/2 uncii)
- 1/2 cană apă
- 2 linguri sirop de artar
- 2 linguri de miere
- 3 linguri de sos de soia
- 2 linguri sos gratar
- 1/2 lingurita mustar uscat

PREGĂTIREA

1. Coaceți coastele la 350° timp de 1 oră sau grătar timp de 20 de minute pentru a îndepărta excesul de grăsime. Tăiați în porții. Combinați ingredientele în slow cooker; se amestecă pentru a se amesteca. Adăugați coastele. Acoperiți și gătiți la foc mic timp de aproximativ 8 ore.
2. Serviți cu orez.

Carne de porc mexicană și fasole neagră

INGREDIENTE

- 1 kilogram de fasole neagră, gătită, sau 3 cutii (15 uncii fiecare) de fasole neagră, scursă de apă
- 1 kilogram de muschi de porc slab dezosat, tăiat în cuburi de 1 inch
- 1 lingurita de pudra de chili
- 1 lingurita coriandru macinat
- 2 lingurite de sare
- 1 ceapă, tocată
- 1 cățel de usturoi, tocat
- 16 uncii de roșii înăbușite, tocate
- piper negru, dupa gust
- 2 căni de apă
- orez fierbinte
- Coriandru sau patrunjel proaspat tocat, optional

PREGĂTIREA

1. Puneți fasolea în Crock Pot. Asezonați carnea de porc cu pudră de chili, coriandru și sare. Rumeniți ușor ceapa și usturoiul cu carnea de porc într-o tigaie unsă ușor cu ulei. Adăugați roșiile cu sucul în aragazul lent. Adăugați amestecul de carne de porc, piper și 2 căni de apă. Acoperiți și gătiți 9 ore la LOW. Se pune peste orez și se ornează cu coriandru, dacă se dorește.

Cină dulce și tartă din Milwaukee

INGREDIENTE

- 2 kg varză murată, clătită și scursă
- 2 lire kielbasa, feliate în bucăți de 1 inch
- 2 mere mari de tartă, fără miez, decojite și feliate subțiri
- 1 ceapă medie, tăiată în jumătate și feliată subțire
- 2/3 cană suc de mere
- 2/3 cană zahăr brun deschis, ambalat
- 1 lingura de mustar preparat
- 1/2 lingurita sare
- Un praf de piper negru

PREGĂTIREA

1. În insertul unui aragaz lent de 5 până la 7 litri, combinați varza murată, kielbasa, merele și ceapa.
2. Într-o ceașcă mare combinați sucul, zahărul brun, muștarul, sarea și piperul. Se toarnă peste amestecul de varză murată și se amestecă pentru a combina ingredientele.
3. Acoperiți și gătiți la LOW timp de 5 până la 7 ore sau HIGH pentru 2 1/2 până la 3 1/2 ore.
4. Serve de la 6 la 8.

mostaccioli

INGREDIENTE

- 1 kilogram de cârnați italieni, dulce sau blând
- 1 kilogram de carne de vită macră
- 1 cană ceapă tocată
- 1 conserve (6 uncii) de pastă de tomate
- 2 lingurite de zahar granulat
- 1 lingurita de sare
- 1/4 lingurita piper negru proaspat macinat
- 1 conserve (12 oz) de sos de rosii
- 1 conserve (14,5 uncii) de roșii cu suc
- 1 frunză de dafin
- 1/2 linguriță. praf de usturoi
- 1 lingurita. Origan
- 1 lingurita. busuioc dulce uscat
- 16 uncii Mostaccioli, penne sau ziti
- Parmigiano Reggiano, de servit

PREGĂTIREA

1. Cârnați bruni și carne de vită măcinată; scurgeți grăsimea. Combinați toate ingredientele, cu excepția pastelor și parmezanul, în slow cooker.
2. Acoperiți și gătiți la LOW timp de 6 ore, adăugând puțină apă spre final dacă sosul pare prea gros.
3. Chiar înainte ca sosul să fie gata, gătiți mostaccioli, penne sau ziti în apă clocotită cu sare urmând instrucțiunile de pe ambalaj.
4. Scurgeti si serviti pastele fierbinti impreuna cu sosul.

Șuncă Glasă cu Muștar

INGREDIENTE

- 3 până la 5 lbs. șuncă fiartă
- 10 până la 12 cuișoare întregi
- 1/2 cană zahăr brun
- 1 lingura de mustar preparat
- 2 lingurite de suc de lamaie
- 2 linguri de suc de portocale
- 2 linguri de amidon de porumb

PREGĂTIREA

1. Scor de șuncă într-un model de romb; prindeți cu cuișoare întregi și puneți în slow cooker.
2. Combinați zahărul brun, muștarul și sucul de lămâie; lingura peste sunca.• Acoperiti si gatiti la foc mare timp de 1 ora; dați la LOW și continuați să gătiți timp de 7-9 ore.
3. Scoateți șunca pe platoul de servire; tine de cald.
4. Porniți aragazul lent la mare.
5. Combinați sucul de portocale și amidonul de porumb pentru a forma o pastă netedă. Se amestecă în picături într-un aragaz lent. Continuați să gătiți, amestecând din când în când, timp de aproximativ 15 minute, sau până când sosul s-a îngroșat.
6. Cu lingura peste sunca.
7. 8 până la 12 porții.

Carne de porc Myron's Bar-B-Q

INGREDIENTE

- friptură de umăr de porc

- 1 ceapă mare

- 2 linguri sos Worcestershire

- sos gratar, vezi instructiuni

- sandvișuri prăjite sau reîncălzite

PREGĂTIREA

1. Puneți friptura de porc în oala de vase.
2. Adăugați ceapa mare, feliată și 2 linguri. Sos Worcestershire.
3. Adăugați apă pentru a acoperi.
4. Crock pe bas toată ziua (cel puțin 12 ore).
5. Scoateți friptura, aruncând apa de gătit. Păstrează ceapa.
6. Tocați carnea de porc, îndepărtând grăsimea și oasele.
7. Întoarceți carnea tocată și ceapa în aragazul lent/Crock Pot.
8. Se toarnă peste ea o sticlă cu sosul tău preferat pentru grătar și se scurge timp de aproximativ o oră la foc mic până se încălzește.
9. Serviți pe rulouri încălzite.
10. Excelent! Încercat și adevărat, de multe ori în ultimii 20 de ani!

Coastele chinezești ale lui Myron

INGREDIENTE

- 3 până la 4 kilograme de coaste de porc
- 1/4 cană sos de soia
- 1/4 cană marmeladă de portocale (sau gem de caise)
- 1 lingura de ketchup
- 1 (sau mai mult!) cățel de usturoi, zdrobit

PREGĂTIREA

1. Combinați sosul de soia, dulceața, ketchup-ul și usturoiul. Periați toate coastele. Puneți într-un cuptor lent/oala de coca și turnați sosul rămas peste tot. Se acoperă și se gătește la LOW minim 10 ore (eu gătesc 12 ore, pentru că îmi place carnea să se desprindă de oase).
2. 4 până la 6 porții.

Coastele mele în stil rustic

INGREDIENTE

- 3 kilograme de coaste de porc în stil rustic

- 1 plic amestec de supă de praz Knorr

- 1 cutie supă de ciuperci aurii

PREGĂTIREA

1. Puneți coaste într-un aragaz lent mare. Presărați amestecul de supă de praz peste coaste. Adauga supa de ciuperci aurii. Dați aragazul lent la mic și gătiți timp de 12 ore.
2. NOTE: Excelent servit cu piure de cartofi, mazăre englezească și salată.
3. Porți 6.

Friptură de porc asiatică de la Myron

INGREDIENTE

- 1 friptură de porc, 3 până la 4 kilograme
- 1/4 cană sos de soia
- 1/4 cană marmeladă de portocale sau gem de caise
- 1 lingura de ketchup
- 1 (sau mai mult!) cățel de usturoi, zdrobit

PREGĂTIREA

1. Combinați sosul de soia, dulceața, ketchup-ul și usturoiul. Ungeți amestecul peste tot friptura de porc. Puneți într-un aragaz lent și adăugați sosul rămas. Acoperiți și gătiți la LOW toată ziua, cel puțin 10 ore (eu îl gătesc pe al meu timp de 12 ore).
2. Serve de la 6 la 8.

Carne de porc „BBQ" în ziua ploioasă din NC

INGREDIENTE

- 1/2 cană oțet de cidru
- 1/4 cană ceapă tocată
- 1 lingurita sos Worcestershire
- 1 lingurita Tabasco sau sos chili similar
- Friptură de umăr de porc de 3 până la 4 kg, dezosată, tăiată, legată
- Câteva lovituri de fum lichid, dacă se dorește
- 1 lingura de zahar granulat
- 1 lingurita de sare
- 1 lingurita boia macinata
- 1/4 lingurita piper negru
- 2 linguri de ketchup
- 8 chifle de hamburger reîncălzite

PREGĂTIREA

1. Într-un castron mare nemetalic, combinați oțetul de cidru, ceapa tocată, sosul Worcestershire și sosul chili. Adăugați friptura de porc, acoperiți și marinați la frigider timp de 6-10 ore. Întoarceți din când în când pentru a păstra friptura acoperită în marinadă.
2. Scoateți carnea de porc din marinată, răzuind ceapa în marinadă. Uscați ușor friptura cu prosoape de hârtie. Turnați marinada într-un aragaz lent și adăugați fumul lichid.

3. Puneți un suport pentru carne sau un inel de aluminiu în aragazul lent.
4. Combinați zahărul, sarea, boia de ardei și piperul într-o cană. Ungeți friptura de porc cu amestecul de condimente și puneți-le pe grătar într-o oală.
5. Acoperiți și gătiți la LOW timp de 7-9 ore sau până când sunt foarte fragezi. Transferați carnea de porc pe o masă de tăiat; acoperi cu folie pentru a se menține cald.
6. Îndepărtați grăsimea de pe suprafața lichidului de gătit. Se amestecă ketchup; se toarnă într-un bol. Folosind 2 furculițe, separați carnea de porc în bucăți sau măruntiți carnea de porc în bucăți mici. Serviți carnea de porc pe rulouri calde cu salată de varză, fasole sau garnituri la alegere. Serviți sosul separat.
7. Face 8 până la 10 sandvișuri.

Friptură de porc cu portocale

INGREDIENTE

- 1 friptură de porc, de 3 până la 4 kilograme, tăiată
- 1/2 lingurita sare
- 1/4 lingurita piper
- 1 cutie concentrat de suc de portocale congelat, decongelat (6 oz)
- 1/4 cană zahăr brun
- 1/8 lingurita nucsoara macinata
- 1/8 linguriță ienibahar măcinat
- 3 linguri de faina amestecate cu 3 linguri de apa rece

PREGĂTIREA

1. Pune friptura de spate de porc în aragazul lent; Se presară cu sare și piper. Într-un castron, combinați concentratul de suc de portocale, zahărul brun, nucșoara și ienibaharul; se toarnă peste friptură. Acoperiți și gătiți la foc mare timp de 1 oră. Reduceți focul la mic și gătiți timp de 8 ore. Înainte de servire, degresați sucurile și turnați lichidul de gătit într-o cratiță mică. Se amestecă în amestecul de făină-apă. Aduceți la fiert, amestecând și continuați să gătiți până se îngroașă.
2. Servește sucuri groase cu friptură de porc. Serviți-l cu orez și salată pentru o masă completă.
3. Serve de la 6 la 8.

Cotletele de porc perfecte ale lui Paige

INGREDIENTE

- Cotlete de porc dezosate de 2 3/4 inci grosime

- 1 cub de bulion (pui) sau granule echivalente

- 1/4 cană apă fierbinte

- 2 linguri muștar Grey Poupon

- 2 cepe mici

-
piper proaspăt măcinat

PREGĂTIREA

1. Întotdeauna încep orice rețetă de cotlet de porc cu cotlete congelate. Nu se usucă niciodată așa! Începeți prin a prăji ambele părți ale coastelor congelate. Am folosit o foaie de copt cu nervuri și am făcut un model încrucișat frumos. În timp ce gătiți, dizolvați bulionul în apa fierbinte și adăugați muștarul. Amesteca bine. Tăiați capetele și curățați ceapa, apoi tăiați-o în jumătate în cruce pentru a face 4 „roți" groase. Aranjați cepele pe fundul crochetelor într-un singur strat.

2. Odată ce coastele sunt prăjite, puneți-le peste ceapă. Se presara dupa gust piper negru proaspat macinat si se adauga incet lichidul peste tot. L-am gatit cam 4,5 ore si a fost delicios!! Topit în gură! L-am servit cu fasole verde aburita, morcovi si cartofi rosii. Ceapa moale și curgătoare a fost minunată servită peste legume!

Boia de porc

INGREDIENTE

- 3 până la 4 kilograme de coaste de porc în stil rustic, dezosate
- 1/3 cană făină universală
- 4 lingurite de boia maghiară
- 1/2 lingurita sare
- Chili
- 1 sau 2 linguri de ulei vegetal
- 1 ceapă mare, tăiată în jumătate, feliată
- 1/2 cană supă de pui
- 1/2 cană smântână

PREGĂTIREA

1. Se spală carnea de porc și se usucă. Combinați făina, boia de ardei, sarea și piperul într-o pungă de mâncare. Așezați carnea de porc în pungă și acoperiți cu grijă.
2. Încinge ulei vegetal într-o tigaie mare la foc mediu-mare. Adăugați carnea de porc și ceapa; se călesc aproximativ 5-6 minute, întorcând coastele de porc o dată pentru a se rumeni pe ambele părți. Puneți carnea de porc și ceapa rumenită într-o oală lentă de 5 până la 7 litri. Turnați bulion de pui în tigaia fierbinte și răzuiți bucăți rumenite; se toarnă peste carnea de porc.
3. Acoperiți și gătiți la LOW timp de 6-8 ore. Scoateți carnea de porc și păstrați-l la cald.
4. Se toarnă sucurile într-o cratiță și se pun la foc mediu. Se fierbe timp de 5 până la 8 minute, până când se reduce cu aproximativ 1/4 până la 1/3. Se ia de pe foc si se amesteca cu smantana; serviți sosul cu carnea de porc.
5. 4 până la 6 porții.

Sos Cu Carnati Si Rosii Uscate

INGREDIENTE

- ulei de masline

- 1 kilogram de cârnați italieni blânzi

- 1 ceapa medie, tocata

- 1/4 cană morcov mărunțit (1 morcov mic)

- 1 ardei dulce (eu folosesc rosu sau galben)

- 1 dovleac galben mediu sau dovlecel, fără semințe și tocat (bucăți de aproximativ 1/2 inch)

- 2 catei de usturoi, tocati

- 4 până la 6 frunze de busuioc proaspăt, tocate

- 6 rosii uscate, taiate cubulete

- 1 cutie mică (6 uncii) de pastă de tomate

- 1 conserve (15 oz) de roșii tăiate cubulețe, nescurcate

- 1 lingura de apa

PREGĂTIREA

1. Rumeniți cârnații pe toate părțile în puțin ulei de măsline; se adauga ceapa si se caleste pana se rumeneste usor ceapa. Cârnați feliați; se pune in oala cu ceapa. Adăugați ingredientele rămase; acoperiți și gătiți la foc mic timp de 6-8 ore sau 3-4 ore la maxim (s-ar putea să aveți nevoie de puțină apă dacă gătiți la mare). Dacă sosul este prea gros, mai adăugați puțină apă. Uneori mai adaug o lingură sau două de apă și o lingură de sos Alfredo uscat.
2. Serviți peste spaghete sau alte paste.
3. Porti 4.

Friptura de porc cu piersici

INGREDIENTE

• 4 cotlete groase de porc, de aproximativ 1 1/2 inch grosime, sau cotlete sau fripturi de porc

• 2 linguri de ulei

• 3/4 lingurita frunze de busuioc uscat

• 1/4 lingurita sare

• 1/8 lingurita de piper

• 1 conserve (15 oz) de felii de piersici în suc natural

• 2 linguri de otet

• 1 lingura de granule sau baza de bulion de vita

• 4 căni de orez fierbinte

• 1/4 cană apă

• 2 linguri de amidon de porumb

PREGĂTIREA

1. Tăiaţi grăsimea din carnea de porc. Încinge uleiul într-o tigaie la foc mediu; carne de porc rumenita pe ambele parti. Se presară busuioc, sare şi piper.
2. Scurge piersicile, rezervând siropul. Pune piersicile feliate în crockpot. Pune carnea pe piersici. Combinaţi sucul de piersici rezervat, oţetul şi supa sau baza de carne de vită; se toarnă peste carnea de porc. Acoperiţi şi gătiţi la foc mic timp de 8 ore. Aranjaţi fripturi şi piersici peste orez fierbinte pe platoul de servire; tine de cald.

3. Filtrați lichidele de gătit și transferați-le în cratiță. Îndepărtați excesul de grăsime din lichidul de gătit. Într-un castron mic sau o ceașcă, amestecați încet apa rece cu amidonul de porumb; se amestecă în lichid fierbinte. Gatiti la foc mic si amestecati pana se ingroasa si clocotesc. Serviți lichidele îngroșate cu carnea de porc.
4. Pentru 4 portii.

Muschiuță De Porc Cu Ananas

INGREDIENTE

- 1 friptură de porc dezosată, aproximativ 2 până la 3 lbs.
- 1/2 cană făină asezonată cu 1/2 linguriță sare și 1/4 linguriță piper
- 3 linguri de margarina
- 2 cepe medii, tăiate în jumătate și feliate
- 1 conserve de ananas zdrobit (20 oz), nescurcat
- 1 lingura de otet
- 1 lingura sos de soia
- 1 sau 2 lingurite de zahar (optional)
- 1 cană ardei verde și/sau roșu tocat
- 1/2 lingurita scortisoara
- 1/2 lingurita ienibahar
- 1/2 lingurita ghimbir pudra
-

1 lingurita praf de usturoi

PREGĂTIREA

1. Tăiați muschiul de porc în felii de aproximativ 3/4 inch grosime. Se introduce făina asezonată. Încinge margarina într-o tigaie mare antiaderență la foc mediu. Adăugați felii de porc și făină în exces; rumeniți ambele părți. Transferați carnea de porc rumenită în aragazul lent/Crock Pot (3 1/2 qt. sau mai mare). Adăugați ceapa și ardeiul în tigaie, amestecând, până se rumenesc ușor și se înmoaie. Adăugați celelalte ingrediente și aduceți la fierbere; se toarnă peste carnea de porc.
2. Acoperiți și gătiți la foc mic timp de 8 până la 10 ore. Serviți peste orez fierbinte. Serve de la 6 la 8.

Cina friptă de porc cu ananas

INGREDIENTE

- 1 friptură de porc dezosată (aproximativ 3 kg)
- sare si piper negru proaspat macinat, dupa gust
- 1 cutie de ananas zdrobit (8 oz)
- 2 linguri de zahar brun
- 2 linguri de sos de soia
- 1/2 catel de usturoi, tocat
- 1/4 lingurita busuioc uscat
- 2 linguri de făină universală
-
1/4 cană apă rece rece

PREGĂTIREA

1. Tăiați friptura tăiată în jumătate, dacă este necesar, și puneți-o în Crock Pot. Presărați cu sare și piper.
2. Combinați toate ingredientele, cu excepția făinii și a apei; se toarnă peste friptură.
3. Acoperiți și gătiți la foc mic timp de 8-10 ore. Scoateți friptura. Scurgeți ananasul și rezervați lichidul de gătit. Întoarceți carnea și ananasul în oală. Adăugați apă la lichid pentru a face 1 3/4 cani. Se toarnă în cratiță. Se amestecă făina și apa rece împreună pentru a forma un aluat omogen.
4. Se amestecă lichidul fierbinte rezervat. Gatiti si amestecati pana se ingroasa. Se toarnă peste friptură; serviți cu orez, dacă doriți.

Ananas - Muschiuță de porc cu Merișoare

INGREDIENTE

- 1 muschi de porc dezosat prajit, aproximativ 4 kilograme
- Sare si piper
- praf de usturoi
- 1 cutie (1 lb.) de ananas zdrobit
- 1/4 linguriță. Nucșoară
- 1 cutie de sos de afine întreg
- 1/4 lingurita. cuișoare, opțional

PREGĂTIREA

1. Se condimentează friptura cu sare, piper și usturoi praf; puneți într-un aragaz lent. Se amestecă ingredientele rămase și se toarnă peste carnea de porc. Acoperiți și gătiți timp de 8-10 ore la foc mic. Carnea de porc trebuie să fie la aproximativ 160° pe un termometru pentru carne. Pentru servire, feliați și turnați sosul peste fiecare porție.
2. Serve de la 6 la 8.

Cotlete de porc marinate cu ananas

INGREDIENTE

-
6 cotlete de porc

- 1 cutie (20 uncii) bucăți de ananas cu suc

- 1/4 cană zahăr brun

- 2 lingurite de sos de soia

PREGĂTIREA

1. Pune cotletele de porc într-o pungă de plastic; amestecați ingredientele rămase; se toarnă peste cotlete de porc în saci. Sigilați punga și păstrați la frigider peste noapte. Puneți în Crock Pot la foc mic timp de 6-8 ore sau până când este gata. Aceste cotlete de porc sunt, de asemenea, grozave la grătar.
2. Porți 6.

Pizza cu cartofi în Crockpot

INGREDIENTE

- 3 linguri de unt

- 1/4 cană făină universală

- 1 lingurita. sare

- 1/8 linguriță. Piper

- 1 1/2 cani de lapte

- 1 până la 1 1/2 căni de brânză măruntită

- 5 cartofi medii, feliați subțiri

PREGĂTIREA

1. Transformați cartofii într-o oală lentă cu unt. Combinați untul, făina, sarea și piperul într-o cratiță la foc mediu-mic. Se amestecă treptat laptele până nu rămân cocoloașe. Se încălzește și se amestecă până la fierbere și se îngroașă. Adăugați brânza pentru a o topi. Puneți cartofii tăiați felii în crockpot; se toarnă peste sosul de brânză. Acoperiți și gătiți la foc mic 5-7 ore.
2. Porti 4.

Cotlete de porc de plantație

INGREDIENTE

- 4 cotlete de porc, muschie (de 1 până la 1 1/2 inch grosime)
- 1 lingura nuci pecan, tocate marunt
- 1 1/2 până la 2 căni de umplutură de pâine de porumb, pregătită
- sare
- Piper
- 2 linguri de unt topit
- 1/4 cană sirop ușor de porumb
- 1/3 cană suc de portocale
- 1/2 lingurita coaja de portocala, rasa

PREGĂTIREA

1. Cu ajutorul unui cuțit ascuțit, tăiați un buzunar în interiorul fiecărei cotlete, formând un buzunar pentru umplutură. Combinați umplutura pregătită cu unt, 1/4 linguriță de sare, suc de portocale și nuci pecan. Umpleți buzunarele cu căptușeală.
2. Se presară cotlete de porc cu sare și piper; puneți în aragazul lent. Ungeți cu amestecul de sirop de porumb și coajă de portocală. Puneți la frigider amestecul de sirop de porumb rămas. Acoperiți și gătiți la foc mic timp de 6-8 ore.
3. Dați controlul la mare, ungeți din nou coastele cu amestecul de sirop de porumb și coajă de portocală și gătiți încă 30 până la 45 de minute.
4. Porti 4.

Carne de porc și orez delicioase

INGREDIENTE

- 1 până la 1 1/2 kilograme cotlet de porc, aproximativ 1/2 inch grosime
- 1 ceapa medie tocata
- 1 cățel mare de usturoi, tocat
- 1/2 cană făină
- 1 lingura de ulei de masline
- sare si piper
- 1 1/4 cană de orez, transformat
- 2 lingurite de patrunjel uscat
- 1 3/4 cani supa de pui
- 1 1/2 cani de mazare congelata (sau un pachet de 10 uncii), optional

PREGĂTIREA

1. Trageți bucățile de porc în făină. Într-o tigaie mare la foc mediu, rumeniți cotletele în ulei, stropind ușor cu sare și piper. Se adauga ceapa tocata si usturoiul tocat; continuați să gătiți până ce ceapa se înmoaie. Într-un aragaz/coartă lent, puneți orezul, stropiți cu pătrunjel, apoi adăugați amestecul de carne de porc și ceapă. Turnați bulionul de pui într-o tigaie fierbinte și amestecați pentru a dizolva bucățile rumenite. Se toarnă carnea de porc și orezul în aragazul lent/oala.
2. Acoperiți și gătiți la foc mic timp de 6-8 ore. Dacă se dorește, se adaugă mazăre congelată (decongelată - trec peste ele apă fierbinte) în ultima jumătate de oră.
3. 4 până la 6 porții.

Carne de porc și caju

INGREDIENTE

- 1 1/2 kg carne de porc slabă - tăiată în fâșii înguste

- 1 lingura sos de soia

- ulei de arahide sau alt ulei vegetal

- 5 catei de usturoi, tocati

- 1/4 cană zahăr brun

- 1 până la 1 1/2 căni de caju prăjite

- orez fierbinte

PREGĂTIREA

1. Acoperiți fâșiile de carne cu sos de soia, lăsați să se odihnească 10 minute. Setați Crockpot la HIGH. Adăugați puțin ulei într-o tigaie grea la foc mare; se prăjește carnea de porc doar să se rumenească. Transferați carnea de porc în crockpot. Adăugați usturoiul. Se presară cu zahăr brun, se acoperă și se gătește la foc mare 2-3 ore sau la MINUS timp de 4-7 ore. Adăugați caju cu 30 de minute înainte de servire. Serviți cu orez fierbinte.
2. Porți 6.

Carne de porc chili

INGREDIENTE

- 2 până la 2 1/2 lire sterline de porc sau umăr slab de porc, tăiate în cuburi de 1 inch
- 2 linguri de ulei vegetal
- 1 cutie mare (28 uncii) de roșii tăiate cubulețe în suc
- 1 cutie (16 oz) fasole chili, nescurcata
- 1 cutie (8 uncii) sos de rosii
- 1/2 cană salsa
- 1/2 cană ceapă tocată
- 1 ardei mic, tocat
- 1 lingura praf de chilli
- jalapeno tocat sau alt ardei iute, după gust (opțional)
- 1 cățel de usturoi, tocat
- Sare si piper dupa gust
- 1/4 lingurita piper cayenne, sau dupa gust

PREGĂTIREA

1. Într-o tigaie mare, rumeniți cuburile de porc în ulei încins la foc mediu. Scurgere. Pune carnea de porc într-o oală; adăugați ingredientele rămase. Acoperiți și gătiți la foc mic timp de 8-10 ore.
2. Se servește 8 până la 10.
3. Bun cu pâine de porumb sau biscuiți.

Cină din cotlet de porc-legume

INGREDIENTE

- 6 cotlete de porc, tăiate la aproximativ 1 inch grosime
- 2 linguri de canola sau ulei de măsline
- 2 conserve (aproximativ 15 uncii fiecare) fasole verde tăiată, scursă
- 1 conserve (12 uncii) de porumb întreg
- 1 lingura ceapa tocata marunt
- 1 lingurita sos Worcestershire
- 1 lingurita de sare
- 1/4 lingurita piper
- 2 linguri amidon de porumb
- 1 cutie (8 uncii) sos de rosii

PREGĂTIREA

1. Rumeniți cotletele de porc în canola sau ulei de măsline într-o tigaie.
2. Puneți fasolea verde, porumbul și cotletele de porc rumenite în oala. Adăugați ceapa tocată, sosul Worcestershire, sare și piper.
3. Amestecați amidonul de porumb și o cantitate mică de sos de roșii. Adăugați amestecul de amidon de porumb și sosul de roșii rămas în aragaz; se amestecă pentru a combina ingredientele.
4. Acoperiți și gătiți la foc mic timp de 6-8 ore.
5. Porți 6.

Cotlete de porc supreme

INGREDIENTE

-
- 1 ceapă mare, tăiată felii
- 4 până la 6 cartofi medii, decojiți și tăiați felii
- 1 cutie (10 3/4 uncii) supă cremă condensată de ciuperci
- 4 până la 6 cotlete de porc, dezosate sau cu os
- Sare si piper dupa gust

PREGĂTIREA

1. Pulverizați ușor aragazul lent cu spray de gătit antiaderent cu aromă de unt sau usturoi.
2. Puneți ceapa și cartofii în fundul aragazului lent.
3. Acoperiți cu cotlete de porc, sare și piper, turnați supa peste cotlete.
4. Gatiti la foc mic timp de 6-8 ore, pana se inmoaie.
5.
   4 până la 6 porții.

Muschiuță de porc cu umplutură

INGREDIENTE

- 1 cutie, aproximativ 6 uncii, amestec de umplutură condimentat
- 4 linguri de unt
- 1/2 cană ceapă tocată
- 1/2 cana telina tocata
- 1/2 cană morcovi tăiați cubulețe, opțional
- 1 lingura de patrunjel proaspat tocat sau 1 lingurita de fulgi de patrunjel uscat
- 1 cană bulion de pui
- 1/2 lingurita sare
- 1 cană de afine uscate, opțional
- 1 friptură de porc dezosată, de aproximativ 2 până la 3 lire sterline
-

••• Frec de porc •••

- 1 lingura de zahar brun
- 1 linguriță amestec de condimente creole
- 1/2 lingurita sare
- Un praf de piper negru
- 1/2 lingurita praf de usturoi
-

1/2 lingurita boia dulce macinata

PREGĂTIREA

1. Ungeți ușor o oală lentă de 5 până la 6 litri.
2. Puneți umplutura într-un castron mare.
3. Într-o tigaie sau tigaie, căliți ceapa, țelina și morcovii în unt la foc mediu-mic până se înmoaie. Adăugați amestecul de ceapă la amestecul de umplutură. Adăugați pătrunjel, bulion de pui, 1/2 linguriță de sare și merișoare uscate; amesteca bine.
4. Turnați amestecul de umplutură în aragazul lent.
5. Combinați ingredientele de frecare și frecați peste friptura de porc. Pune carnea de porc pe amestecul de umplutură.
6. Acoperiți și gătiți la LOW timp de 7 până la 9 ore sau până când carnea de porc este gătită.
7.
    4 până la 6 porții.

Carne de porc Marengo

INGREDIENTE

• 2 kilograme de muschi de porc sau friptură de porc, tăiate în cuburi de 1 inch

• 1 ceapa medie, tocata

• 2 linguri de ulei vegetal

• 1 cutie de roșii tăiate cubulețe (14,5 uncii)

• 1 cub de bulion de pui sau granule

• 3/4 lingurita maghiran macinat

• 1 lingurita de sare

• 1/2 lingurita frunze de cimbru uscat

• 1/4 lingurita piper negru macinat

• 1 conserve (4 uncii) de ciuperci feliate, scurse de apă sau folosiți aproximativ 8 uncii de ciuperci proaspete sotate

• 1/2 cană apă rece

• 3 linguri de făină

PREGĂTIREA

1. Combinați carnea de porc și ceapa; se rumenesc intr-o tigaie in ulei clocotit. Scurgeți grăsimea. Transferați carnea de porc și ceapa în crockpot. Combinați roșiile, bulionul, maghiranul, sarea, cimbru și piperul în aceeași tigaie, amestecând și răzuind bucățile rumenite. Turnați carnea de porc și ceapa în oală. Acoperiți și gătiți la LOW timp de 8-10 ore. La sfârșitul timpului de gătire, se întoarce la HIGH și se amestecă ciupercile. Amesteca apa rece si faina pana se omogenizeaza; se adaugă la amestecul de carne de porc în crockpot.
2. Gatiti neacoperit pana se ingroasa sosul. Se amestecă din când în când pentru a preveni lipirea. Pentru a se îngroșa mai repede, puneți lichidele într-o cratiță și adăugați amestecul de apă și făină, amestecând și gătind la foc până se îngroașă. Serviți peste orez fierbinte.
3. Porți 8.

File de porc în stil creol
INGREDIENTE

• 2 muşchi de porc mici până la mijlocii, aproximativ 1 1/2 până la 2 lire sterline

• 1/2 cană făină universală, pentru dragare

• 1 lingura condimente creole

• 1 ceapa mica, tocata grosier

• 1 ardei gras verde sau rosu mic (sau o combinatie), tocat grosier

• 1 baton de telina, feliat

• 1 pachet amestec de sos de pui

• 1 cutie (14,5 uncii) de roşii tăiate cubuleţe, nescurcate

PREGĂTIREA

1. Tăiaţi fileurile în jumătate; dragaţi în amestec de făină şi condimente creole.
2. Puneţi fileurile în aragazul lent.
3. Presarati ceapa, ardeiul si telina peste carnea de porc.
4. Acoperiţi şi gătiţi la LOW timp de 7-9 ore.
5. În ultimele 30 de minute, adăugaţi amestecul de sos uscat şi roşiile. Continuaţi să gătiţi la putere maximă aproximativ încă 30 de minute.

File De Porc Cu Umplutură De Fructe
INGREDIENTE

• 1 pachet (aproximativ 1 1/2 lire) muschi de porc

- 3 căni de amestec de umplutură ambalat (aproximativ 10-12 uncii)
- 2 linguri fulgi de telina uscati sau 1 baton de telina, tocat
- 1 lingură fulgi de ceapă uscată, sau 1 ceapă mică, tocată
- 1/3 cana caise uscate tocate marunt
- 1 mar, curatat de coaja, fara miez si tocat marunt
- 3/4 cană apă fierbinte
- 1 cutie de cremă de țelină fără grăsimi 98%.
-

2 linguri de unt topit

PREGĂTIREA

1. Tăiați muschii de porc în felii de aproximativ 1 1/2 inch grosime; puneți într-o oală de 3 1/2 litri sau mai mare.
2. Într-un castron, combinați ingredientele rămase; cu lingura peste felii de porc. Acoperiți și gătiți la foc mic timp de 7-9 ore.
3. 4 până la 6 porții.

File De Porc Cu Boia De Boia

INGREDIENTE

- 1 1/2 până la 2 lire muschi de porc, fără grăsime vizibilă, tăiată cuburi
- 3-4 linguri de făină universală
- 1 lingura boia
- 1/4 lingurita sare
- 1/4 lingurita piper
- 1 ceapa medie, tocata grosier
- 1 ardei verde, tocat grosier
- 2 catei mari de usturoi, macinati si tocati
- 1 cană bulion tare de pui (sau folosiți 2 cuburi de bulion sau supa echivalentă de pui în 1 cană apă fierbinte)
- 3 linguri de otet de vin rosu sau otet de cidru
- 3 linguri de pasta de tomate
- 1/2 cană smântână
- sare si piper negru proaspat macinat, dupa gust

PREGĂTIREA

1. Într-o pungă de plastic, amestecați cuburile de porc cu făina, boia de ardei, sare și piper.
2. Tăiați ardeiul verde și usturoiul și adăugați-le într-un aragaz lent de 3 1/2 litri sau mai mare.
3. Într-un castron separat sau o cană de măsurare cu 2 căni, combinați bulionul, oțetul și pasta de roșii; a pune deoparte.

4. Încinge uleiul de măsline într-o tigaie mare la foc mediu-mare. Adaugam carnea de porc infainata si ceapa tocata. Rumeniți rapid; transferați într-un aragaz lent.
5. Se toarnă bulion în tigaie fierbinte; răzuiți partea de jos pentru bucăți rumenite, apoi turnați amestecul fierbinte peste amestecul de porc.
6. Amesteca bine amestecul.
7. Acoperiți și gătiți la foc mic timp de 7-9 ore. Adăugați smântână cu 15 minute înainte de servire.
8. 4 până la 6 porții.

Muschiuță de porc și cartofi dulci

INGREDIENTE

- 1 1/2 kg muschi de porc, tăiat în bucăți groase de 3/4 inci
- 3 căni de cartofi dulci cruzi decojiți și tăiați felii
- 1/2 cană ceapă tocată
- 1/2 cană ardei verde tocat
- 1 conserve (14,5 oz) de roșii tăiate cubulețe
- 2 linguri de zahar brun
- 1/2 lingurita scortisoara
- 1 lingurita fulgi de patrunjel uscat, optional
- 1/8 lingurita piper negru

PREGĂTIREA

1. Pulverizați oala cu spray de gătit sau ușor ulei. Combinați carnea de porc, cartofii dulci, ceapa și ardeiul verde. Combinați roșiile cu zahăr brun, scorțișoară, pătrunjel și piper negru; se toarnă peste amestecul de carne de porc în slow cooker. Acoperiți și gătiți la temperatură scăzută timp de 8-10 ore. Se amestecă înainte de servire.
2. 4 până la 6 porții.

Kraut 'N Apples polonez

INGREDIENTE

- 16 uncii de varză murată, pungă sau cutie
- 1 kilogram kielbasa sau cârnați afumat
- 3 mere de gătit, decojite, dezlipite și feliate
- 1/2 cană zahăr brun la pachet
- 3/4 lingurita sare
- 1/8 lingurita de piper
- 1/2 lingurita de seminte de chimen, optional
- 2/3 cană suc de mere sau cidru de mere

PREGĂTIREA

1. Clătiți varza murată; scurge-le si stoarce-le. Pune jumătate de varză murată într-un aragaz lent.
2. Tăiați cârnații în lungimi de 2 inci. Puneți într-un aragaz lent. Continuați să stratificați mere, zahăr brun, sare și piper în aragazul lent. Presărați cu semințe de chimen, dacă folosiți. Acoperiți cu varza murată rămasă. Adăugați sucul de mere. Nu amestecați amestecul.
3. Acoperiți și gătiți la foc mare timp de 3 până la 3-1/2 ore sau la foc mic timp de 6 până la 7 ore sau până când merele sunt fragede.
4. Se amestecă înainte de servire.
5. Porti 4.

Carne de porc cu legume chinezești

INGREDIENTE

- 1 până la 1 1/2 lire cuburi de carne slabă de porc
- 1/2 cană ceapă tocată
- 2 conserve (4 uncii fiecare) de ciuperci, scurse
- 1 ardei verde, tăiat fâșii
- 1 cutie uda castane, scurse
- 1 lingurita de ghimbir macinat
- 1 cană bulion de pui
- 1 lingura sos de soia
- Sare si piper dupa gust
- 16 uncii de legume chinezești congelate, dezghețate
- 3 linguri amidon de porumb
- 3 linguri de apă

PREGĂTIREA

1. Rumeniți carnea de porc și adăugați-l în oala de gătit lentă cu următoarele 8 ingrediente. Acoperiți și gătiți la foc mic timp de 8-10 ore sau la foc mare timp de 4-5 ore. Cu aproximativ 45 de minute înainte de servire, ridicați temperatura și adăugați legumele. Combinați amidonul de porumb și apa și adăugați-l în aragazul lent/Crock Pot; amesteca bine. Continuați să gătiți până când legumele s-au îngroșat. Serviți peste paste sau orez.
2. 4 până la 6 porții.

Cotlete de porc Abracadabra

INGREDIENTE

- Cotlete de porc, 4 până la 8, 3/4 până la 1 inch grosime
- sare si piper
- 1 10-3/4 oz. cutie supă cremă de ciuperci
- 1 10-3/4 oz. cutie supă cremă de pui
- 1 10-3/4 oz. cutie de pui și supă de orez
-
1 1/2 cani de sos gratar, preferatul tau

PREGĂTIREA

1. Într-o tigaie mare, rumeniți cotletele de porc și asezonați-le ușor cu sare și piper. Puneti cotletele de porc in slow cooker cu toate supele si sosul gratar; se acopera si se fierbe la foc mic timp de 7-9 ore.

Caserolă Cotlă De Porc

INGREDIENTE

- 1/3 cană făină
- 1 lingurita de sare
- 1/2 lingurita sare de usturoi
- 1 lingurita mustar uscat
- 4-6 cotlete slabe de porc
- 2 linguri de ulei
- 1 cutie supa condensata de pui sau supa condensata similara (crema de telina, crema de ciuperci etc.)

PREGĂTIREA

1. Se amestecă făina, sarea, muştarul şi sarea de usturoi şi se asezonează cotletele cu amestecul. Se incinge uleiul intr-o tigaie si se rumenesc cotletele pe ambele parti. Puneti coastele in aragazul incet si adaugati supa. Gatiti la foc mic timp de 6-8 ore sau la maxim 3-4 ore. Puteți adăuga mai multă supă dacă doriți mai mult sos. Bun pe orez sau tăiței.

Cotletă de porc romantică

INGREDIENTE

- 4 până la 6 cotlete de porc, cu os sau fără os
- Făină
- sare si piper
- 1/4 cană (sau mai puțin) ulei de măsline extravirgin sau ulei vegetal
- 1 ceapă mare, feliată
- 2 cuburi sau granule sau bază echivalentă de bulion de pui
- 2 căni de apă fierbinte
- 8 oz. smântână (fără grăsimi este bine)

PREGĂTIREA

1. Se condimentează cotletele de porc după gust și se dau cu făină. Se rumenesc ușor în ulei într-o tigaie sau tigaie și se pun într-un aragaz lent; se ornează cu felii de ceapă.
2. Se dizolvă sau se înmoaie bulionul în apă fierbinte și se toarnă peste cotlete.
3. Gatiti la foc mic 7-8 ore.
4. După ce cotletele de porc sunt fierte, amestecați 2 linguri de făină în smântână; se amestecă în sucurile de gătit. (Acesta nu trebuie amestecat complet în bulion, dar nici nu îl aruncați deasupra.)
5. Porniți aragazul lent timp de 15 până la 30 de minute sau până când lichidul se îngroașă ușor.
6. Serviți cu orez, paste sau cartofi la alegere. Sosul de smantana este delicios!
7. 4 până la 6 porții.

Cotlet de porc și umplutură de afine

INGREDIENTE

- 4 până la 6 cartofi medii, decojiți și tăiați în felii groase
- 4 până la 6 cotlete de porc dezosate
- 1 pachet (6 uncii) de amestec de umplutură de afine (sau adăugați aproximativ 1/4 de cană de afine uscate la amestecul de umplutură condimentat cu ierburi)
- 1 cană de apă fierbinte
- 1 lingura de unt moale
- Sare si piper dupa gust

PREGĂTIREA

1. Puneți cartofii într-o oală de gătit lentă de 3 1/2 litri sau mai mare; se presara usor cu sare si piper. Acoperiți cu cotlete de porc; se presara usor cu sare si piper. Combinați umplutura cu 1 cană de apă fierbinte și 1 lingură de unt înmuiat. Se toarnă peste cotlete de porc. Acoperiți și gătiți la foc mic timp de 7-9 ore.
2. 4 până la 6 porții.

Cotlete de porc - Crock Pot

INGREDIENTE

- 6 până la 8 cotlete de porc slabe groase – 1 inch grosime, dezosate sau cu os
- 1/3 cană făină
- 1 lingurita mustar uscat
- 1/2 lingurita praf de usuroi
- 1 lingurita de sare
- 2 linguri de ulei
- 1 conserve (10 3/4 uncii) supă cremă condensată de ciuperci, nediluată

PREGĂTIREA

1. Tăiați cotletele. Într-un castron, combinați făina, muştarul, praful de usturoi şi sarea. Ungeți cotletele de porc cu ingredientele uscate. Încinge uleiul într-o tigaie; rumeniți bine cotletele de porc pe ambele părți. Puneți coastele rumenite în aragazul lent. Adăugați supa şi gătiți la foc mic 6 până la 8 ore sau la maxim 3 până la 4 ore.
2. Serve de la 6 la 8.

Cotlete de porc (Crock Pot)

INGREDIENTE

- 6 până la 8 cotlete slabe de porc, de aproximativ 1 inch grosime
- 1/2 cană făină universală
- 2 lingurite de sare
- 1 cutie (10 oz.) supă de pui și orez sau supă de pui și orez sălbatic
- 1 1/2 linguriță de muștar uscat
- 1/2 lingurita praf de usturoi
-
2 linguri ulei vegetal

PREGĂTIREA

1. Păineți cotletele de porc în amestecul de făină, sare, muștar uscat și praf de usturoi. Se rumenesc in ulei incins intr-o tigaie, se rumenesc pe ambele parti. Puneți cotletele de porc rumenite în crockpot. Adăugați supa de pui și orez. Acoperiți și gătiți la foc mic timp de 6-8 ore sau la maxim 3-4 ore.
2. Serve de la 6 la 8.

Cotlete de porc în Crockpot

INGREDIENTE

- 1/2 cană ceapă tocată
- 2 linguri ulei vegetal
- 1 căței mic de usturoi, tocat
- 2 lingurite sos Worcestershire
- 1/2 lingurita pudra de chili
- 1/2 cană apă
- 3/4 cană ketchup
- Sare si piper
- 6 până la 8 cotlete de porc, tăiate, dezosate sau cu os

PREGĂTIREA

1. Se caleste ceapa in ulei pana se rumeneste. Adăugați usturoi, sos Worcestershire, praf de chili, apă, ketchup, sare și piper. Acoperiți și fierbeți sosul timp de aproximativ 10 minute. Puneți cotletele de porc într-o oală; turnați sos peste cotlete de porc. Acoperiți și gătiți timp de 7-9 ore la foc MIC. Se serveste fierbinte.
2. Serve de la 6 la 8.

Cotlete de porc cu mere

INGREDIENTE

- 6 cotlete de porc, de aproximativ 1 inch grosime, tăiate din grăsime vizibilă
- 2 linguri de ulei vegetal
- sare
- 6 mere de tartă, precum Granny Smith, fără miez și feliate groase
- 1/4 cană coacăze sau stafide, opțional
- 1 lingura suc de lamaie
- 1/4 cană zahăr brun

PREGĂTIREA

1. Rumeniți cotletele în ulei la foc mediu. Se presară cu sare. Puneți cotletele de porc într-o oală slow cooker/crock; combinați celelalte ingrediente și turnați peste cotletele de porc. Acoperiți și gătiți la foc mic timp de 7-9 ore sau la maxim 3-4 ore.
2. Porți 6.

Cotlete de porc și cartofi

INGREDIENTE

- 6 cotlete de porc, dezosate, de aproximativ 1 inch grosime

- 2 linguri de ulei vegetal

- 1 cutie (10 3/4 uncii) supă cremă condensată de ciuperci

- 1/4 cană apă sau bulion de pui

- 1/4 cană muştar Bold 'n Spicy sau muştar Dijon

- 1/2 lingurita frunze de cimbru uscat, maruntite

- 1/4 lingurita praf de usturoi

- 1/4 lingurita piper negru

- 5 până la 6 cartofi de mărime medie, feliați de aproximativ 1/4 inch grosime

- 1 ceapă mare, tăiată felii

PREGĂTIREA

1. Intr-o tigaie se incinge uleiul la foc mediu; cotlete de porc rumenite pe ambele părți. Scurgeți excesul de grăsime. Într-un aragaz lent de 3 1/2 litri sau mai mare, combinați crema de supă de ciuperci, supa de pui, muștar, cimbru, usturoi și piper. Adăugați cartofii și ceapa, amestecând ușor pentru a se îmbrăca cu sosul. Peste amestecul de cartofi se pun cotletele de porc rumenite. Acoperiți și gătiți la LOW timp de 8-10 ore sau la maxim 4-5 ore.

Muschie de porc cu sos de portocale si afine

INGREDIENTE

- 1 ceapă mare, tăiată în jumătate şi feliată
- 1 muschie de porc dezosata, curatata de excesul de grasime
- Sare si piper
- Suc de 1 portocala, aproximativ 4-5 linguri de suc
- 1 borcan (aproximativ 10 uncii) gem de afine, aproximativ 1 cană

PREGĂTIREA

1. Puneţi ceapa feliată pe fundul inserţiei vasului. Asezati muschiul de porc pe feliile de ceapa si presarati cu sare si piper. Dacă muschiul de porc este mare, tăiaţi-l în 2 sau 3 bucăţi. Folosind o furculiţă ascuţită sau o frigărui, înghesuiţi muschiul de porc peste tot. Stropiţi cu suc de portocale, apoi întindeţi sos de merişoare peste carnea de porc.
2. Acoperiţi şi gătiţi la LOW timp de 8-10 ore sau la HIGH pentru 4-5 ore.
3. Porţi 6.

Muschiuță De Porc Cu Dovleac și Cartofi Dulci

INGREDIENTE

- 1 friptură proaspătă de porc
- 3 morcovi, decojiti si feliati
- 3 dovlecei galbeni, feliati
- 3 cartofi dulci, decojiti si feliati
-

2 căni de suc de portocale

PREGĂTIREA

1. Așezați carnea de porc în oala, aranjați legumele în jurul fripturii și turnați sucul de portocale deasupra.
2. Gatiti la foc mic timp de 7-9 ore, pana cand carnea de porc este fierta.

Carne de porc cu sos de muştar de portocale

INGREDIENTE

- 6 cotlete de porc dezosate, cotlet de porc sau muschi de porc slab cuburi, aproximativ 2 kg

- 1/2 până la 1 cană ceapă verde feliată, cu verdeață

- 1 lingura de ulei

- 1/2 cană suc de portocale

- 1 1/2 linguri de sos de soia

- 1 lingură muştar de Dijon

- 1 1/2 linguriță miere

- 1/2 lingurita praf de usturoi

- Piper negru

PREGĂTIREA

1. Într-o tigaie mare, rumeniți cotletele sau cotletele de porc în ulei pe ambele părți. Puneți coastele într-un cuptor lent și stropiți cu ceapa verde feliată. Se amestecă ingredientele rămase și se toarnă peste coaste sau cotlet de porc. Acoperiți și gătiți la foc mic 7-9 ore.
2. 4 până la 6 porții.

Friptură De Porc Cu Cartofi Dulci

INGREDIENTE

- 1 friptură de porc dezosată, aproximativ 3-4 kilograme
- 2 sau 3 cartofi dulci mari
- 1 ardei verde
- 1/2 cană de cidru de mere
- 3 linguri de zahar brun
- 1 lingurita de scortisoara
- Sare si piper dupa gust

PREGĂTIREA

1. Pune carnea de porc în aragazul lent. Tăiați cartofii dulci și ardeii verzi în bucăți mari și adăugați-i. Se amestecă celelalte ingrediente și se toarnă peste tot; gătiți toată ziua la foc mic sau aproximativ 4 ore la maxim. Serviți cu orez. Dacă doriți, utilizați un amestec de amidon de porumb și apă pentru a îngroșa sosul.
2. 4 până la 6 porții.

Caserolă de Enchilada de porc

INGREDIENTE

- 2 până la 3 lire friptură de porc dezosată, tăiată, tăiată în cuburi de 1/2 până la 3/4 inch
- 2 linguri de ulei vegetal
- 1 cutie de roșii tăiate cubulețe
- 7-12 uncii ardei iute verde tăiat cubulețe
- 2 ardei jalapeno, fără semințe și tocați, sau după gust
- 2 catei de usturoi, macinati si tocati
- Sarat la gust
- 1/4 lingurita piper
- 1/2 lingurita chimen macinat
- 2 căni Jack, Cheddar, Blend Mexican sau jalapeno ras
- 1/2 cană salsa sau sos enchilada
- 6-8 tortilla de porumb

PREGĂTIREA

1. Într-o tigaie mare, la foc mediu-mare, rumeniți rapid cuburile de porc în ulei. Scurgeți și transferați în aragazul lent/oala de gătit. Adăugați roșiile tăiate cubulețe, ardeii iute, ardeii, usturoiul, sarea și chimenul. Acoperiți și gătiți la foc mic 7 până la 9 ore; adăugați 1 1/2 cană de brânză în ultimele 45 de minute.
2. Într-o tavă de copt de 2 litri, puneți suficient amestec de carne de porc pentru a acoperi fundul. Pune deasupra 2 sau 3 tortilla, apoi mai mult amestec de porc.
3. Repetați până când sunt folosite carne de porc și tortilla, terminând cu carne de porc. Se presara deasupra branza ramasa si se toarna sosul peste branza.
4. Se coace la 350 de grade timp de 20-30 de minute.
5. Porți 6.

Coaste de porc în stil rustic

INGREDIENTE

- 2 până la 3 kilograme cotlete de porc în stil rustic

- 1 cană de ketchup

- 8 uncii de cola -- Coca Cola, Dr. Pepper etc.

PREGĂTIREA

1. Combinați ketchup-ul și cola.
2. Puneți cotletele de porc în stil rustic în aragazul lent.
3. Turnați amestecul de cola peste coaste. Acoperiți și gătiți timp de 2 ore la MARE, apoi gătiți timp de 3 până la 4 ore la LOW. Se unge din când în când, dacă se dorește.
4. Serve de la 6 la 8.

Coaste de porc și varză murată

INGREDIENTE

- 1 kg de varză murată proaspătă (în pungă), clătită și bine scursă
- 1 ceapă, tăiată cubulețe
- 1 conserve (14,5 uncii) de roșii înăbușite în stil italian
- 1/2 cană zahăr brun închis, ambalat
- 3 lbs. Coaste de porc în stil rustic tăiate în bucăți individuale
-

o stropire de seminte de telina

PREGĂTIREA

1. Într-un aragaz lent, puneți toate ingredientele în straturi, începând cu varza murată și terminând cu cotletele de porc, cu osul în sus. Acoperiți și gătiți la foc mic timp de 8-10 ore.

Carne de porc și varză murată

INGREDIENTE

- 2 lbs. carne de porc dezosata

- 1 pachet. Supă de ceapă Lipton

- 3 linguri de marar proaspat tocat sau 2-3 lingurite de marar uscat

- 1 cățel de usturoi, tocat

- 1 lingurita. semințe de chimen

- 1 conserve (10 3/4 uncii) bulion de vită condensat, nediluat sau 1 1/2 cană bulion tare de vită

- 3 linguri. paprika

- 1 1/2 până la 2 lire varză murată, scursă

- 3-4 căni de smântână

PREGĂTIREA

1. Cu o zi înainte: scoateți grăsimea din carne; tăiați carnea în bucăți de 2 inci. Într-un aragaz lent, combinați carnea de porc, ceapa, mărarul, usturoiul, chimenul și bulionul de vită. Gatiti la foc mic timp de 4-6 ore; dați la frigider peste noapte, apoi îndepărtați grăsimea de deasupra înainte de a continua. Se dizolvă boia în 1 cană bulion de porc încălzit; se adaugă înapoi la carnea de porc împreună cu varza murată. Acoperiți și gătiți la foc mic timp de 6 până la 8 ore în plus sau până când carnea este fragedă, sau fierbeți, acoperit, timp de aproximativ 1 oră.
2. Se amestecă smântâna. Se serveste cu piure de cartofi.

Caserolă de porc, varză murată și orz

INGREDIENTE

- 2 lbs. carne de porc dezosata

- 1 pachet. Supă de ceapă Lipton

- 3 linguri de marar proaspat tocat sau 2-3 lingurite de marar uscat

- 1 cățel de usturoi, tocat

- 1 lingurita. semințe de chimen

- 1 conserve (10 3/4 uncii) bulion de vită condensat, nediluat sau 1 1/2 cană bulion tare de vită

- 3 linguri. paprika

- 1 1/2 până la 2 lire varză murată, scursă

-
3-4 căni de smântână

PREGĂTIREA

1. Cu o zi înainte: scoateți grăsimea din carne; tăiați carnea în bucăți de 2 inci. Într-un aragaz lent, combinați carnea de porc, ceapa, mărarul, usturoiul, chimenul și bulionul de vită. Gatiti la foc mic timp de 4-6 ore; dați la frigider peste noapte, apoi îndepărtați grăsimea de deasupra înainte de a continua. Se dizolvă boia în 1 cană bulion de porc încălzit; se adaugă înapoi la carnea de porc împreună cu varza murată. Acoperiți și gătiți la foc mic timp de 6 până la 8 ore în plus sau până când carnea este fragedă, sau fierbeți, acoperit, timp de aproximativ 1 oră.
2. Se amestecă smântâna. Se serveste cu piure de cartofi.

Friptură de porc caserolă

INGREDIENTE

- 1 1/2 lbs friptură de porc, tăiată fâșii
- 2 linguri. ulei vegetal
- 1 cană ceapă tocată
- 1 ardei verde mic, tocat
- 1 conserve (4 oz.) de ciuperci, scurse
- 8 oz. se poate sos de rosii?
- 3 linguri. zahar brun
- 1 1/2 lingura. oțet
- 1 1/2 linguriță. sare
- 2 linguri. sos Worcestershire

PREGĂTIREA

1. Rumeniți carnea de porc în ulei într-o tigaie. Scurgeți pe prosoape de hârtie, dacă doriți. Puneți fâșiile de porc și alte ingrediente în aragazul lent. Acoperiți și gătiți la LOW timp de 6-8 ore la HIGH pentru 3-4 ore. Serviți peste paste sau orez.
2. 4 până la 6 porții.

Tocană de porc cu suc de mere

INGREDIENTE

- 1 1/2 până la 2 lire sterline de porc, tăiată și tăiată în cuburi de 1 inch
- 2 până la 3 căni de cartofi tăiați cubulețe, aproximativ 2 1/2 până la 3 lire sterline
- 2 morcovi medii spre mari, feliați de aproximativ 1/2 inch grosime
- 1 cană ceapă tocată
- 1 măr mare de tartă, cum ar fi un Granny Smith, decojit, fără miez și tocat
- 1/2 cana telina tocata
- 3 linguri de tapioca de gatit rapid
- 2 căni de suc de mere
- 1 lingurita de sare
- 1/4 lingurita piper negru macinat

PREGĂTIREA

1. Combinați toate ingredientele într-un aragaz lent. Acoperiți și gătiți la LOW timp de 9-10 ore sau HIGH pentru 4 1/2-5 ore.

2. Porți 6.

• Tapioca este folosită pentru a îngroșa tocană. Dacă nu aveți tapioca sau nu o puteți obține, amestecați 2 linguri de amidon de porumb și 2 linguri de apă rece și adăugați în tocană cu aproximativ 30 de minute înainte de a fi gata.

Tocană de porc cu cartofi dulci

INGREDIENTE

- 3 cartofi dulci medii, decojiți și tăiați în cuburi de 1 1/2 inch
- 1 ardei verde, tăiat fâșii
- 1 cană de porumb întreg, congelat
- 1 ceapă medie, tăiată în jumătate și feliată subțire
- 2 catei mari de usturoi, tocati
- 1 1/2 kilograme de umăr de porc dezosat, tăiat în cuburi de 1 inch
- 1 lingurita de pudra de chili
- 1/2 lingurita coriandru macinat
- 1/2 lingurita sare
- 2 căni de apă
- 1 cutie (10 uncii) de roșii Ro-Tel, roșii tăiate cubulețe cu ardei iute verzi
- 1 cană fasole verde tăiată, congelată, dezghețată

PREGĂTIREA

1. Puneți cartofii dulci, ardeiul gras, porumbul, ceapa și usturoiul în aragazul lent. Adăugați cuburile de porc, pudra

de chili, coriandru măcinat și sarea. Toarnă apă și roșii peste tot. Acoperiți și gătiți la LOW timp de 7-8 ore. Adăugați fasolea verde în ultimele 20 de minute.
2. Porți 6.

Muschiță De Porc Cu Mere

INGREDIENTE

- 2 mușchi de porc (1 1/2 până la 2 lire în total)
- 1 ceapă mare, tăiată în jumătate și tăiată în felii de 1/4 inch
- 2 mere, curatate de coaja si tocate grosier
- 2 linguri de jeleu de mere
- 1 lingura de otet de cidru
- sare si piper negru macinat grosier dupa gust

PREGĂTIREA

1. Combinați toate ingredientele în slow cooker/Crock Pot (carne de porc maro, dacă doriți). Acoperiți și gătiți la foc mic timp de 7-9 ore. Serviți cu orez.
2. 4 până la 6 porții.

Tocană de porc și roșii

INGREDIENTE

- 2 kilograme de coastă de porc sau muschie dezosate, tăiate și tăiate în cuburi foarte mici
- sare si piper
- 1/4 cană făină
- 2 linguri de ulei de măsline
- 1 1/2 cani de telina taiata cubulete
- 1 cană ceapă tocată
- 2 catei de usturoi, tocati
- 2 cesti supa de pui
- 3 până la 6 linguri inele jalapeno scurse sau ardei dulce tocat
- 1 cană morcovi tăiați juliană
- 2 cartofi medii, tăiați cubulețe
- 1 kilogram de tomate, coaja îndepărtată, spălată și tăiată cubulețe
- 2 conserve (14,5 uncii fiecare) de roșii tăiate cubulețe
- 1 lingura chimen macinat
- 2 lingurite pudra de chili
- un praf de oregano uscat
- sos picant, dupa gust
- Sare si piper dupa gust
- coriandru proaspăt tocat, opțional

PREGĂTIREA

1. Stropiţi uşor cuburile de porc cu sare şi piper; se amestecă cu făina. Încinge 2 linguri de ulei de măsline într-o tigaie mare; se adauga carnea de porc si se caleste, amestecand, pana se rumeneste bine; transferaţi în aragazul lent 5 până la 6 litri. În aceeaşi tigaie, adăugând puţin ulei dacă este necesar, căliţi ţelina şi ceapa până se înmoaie. Adăugaţi usturoiul, bulionul de pui şi ardeii jalapeno sau ardeii dulci, amestecând şi răzuind bucăţile rumenite de pe fundul tigaii.
2. A pune deoparte.
3. Între timp, adăugaţi morcovii, cartofii şi tomatele în aragazul lent. Se toarnă peste roşii, apoi se adaugă amestecul de ceapă şi ţelină din tigaie. Se amestecă pentru a combina ingredientele. Acoperiţi şi gătiţi la foc mare timp de 3 ore sau la foc mic timp de 6 ore. Adăugaţi condimente. Gătiţi încă 1 până la 2 ore la MARE sau încă aproximativ 2 până la 3 ore la LOW. Gustaţi şi ajustaţi condimentele. Serviţi cu o stropire de coriandru, dacă doriţi, şi pâine de porumb caldă.
4. Serve de la 6 la 8.

Carne de porc prăjită într-o oală

INGREDIENTE

- 4 căței mari de usturoi, tăiați în patru
- 1 muschie de porc fripta, dezosata, aproximativ 4-5 lire
- 1 lingurita de sare
- 1 linguriță mică de frunze de cimbru uscat
- 1/2 lingurita frunze de salvie uscate, maruntite
- 1/4 lingurita frunze de rozmarin uscate, maruntite
- 1/4 lingurita tarhon uscat, maruntit, optional
- un praf de cuisoare sau ienibahar
- 1 lingurita coaja rasa de lamaie, optional
- 1/3 cană apă
- 3 linguri amidon de porumb, optional
- 3 linguri de apa, optional

PREGĂTIREA

1. Tăiați 16 buzunare mici în friptură și introduceți feliile de usturoi. Într-un castron mic, combinați sarea, ierburile și coaja de lămâie. Frecați amestecul de condimente în friptură.
2. Turnați 1/2 cană de apă în aragazul lent; adăugați friptura. Acoperiți și gătiți la LOW timp de 8-10 ore. Friptura de porc trebuie să indice cel puțin 145° pe un termometru cu citire instantanee.
3. Îngroșați sucurile dacă doriți. Scoateți friptura din sucuri. Combina amidonul de porumb cu cele 3 linguri de apa; se amestecă până la omogenizare, apoi se adaugă în sucurile crockpot.
4. Gatiti la foc mare pana se ingroasa. Se serveste cu friptura de porc.
5. Porți 8.

Pozol Jeff

INGREDIENTE

-
1 ceapa tocata

- 1 kg de carne de porc slabă tăiată în cuburi de 1 inch
- 2 catei de usturoi macinati
- 1 conserve (8 oz.) de sos de roșii
- 2 (15 oz.) conserve de chili, fără fasole
- 1 (29 oz.) cutie de hominy, care a fost scursă
- 1 frunză de dafin
- 1 lingurita. Din fiecare plantă uscată. Oregano, busuioc, patrunjel si chimen
- 1 lingura. Din praf de chilli

PREGĂTIREA

1. Combinați toate ingredientele în crockpot; se acopera si se fierbe la foc mic timp de 6 ore.

Coaste roșii fierte

INGREDIENTE

- 3/4 cană sos hoisin
- 3 linguri de sos de soia
- 2 linguri sherry uscat
- 1 lingurita de ghimbir macinat
- 1 lingura miere
- 4 catei de usturoi, tocati
- 1 linguriță de ienibahar măcinat
- 2 lingurițe de coajă de portocală rasă
- 1 ardei iute roșu iute, fără semințe și mărunțit, sau aproximativ 1/2 linguriță de ardei iute zdrobit
- 1 legatura de ceapa verde, cam 6-8, feliata, cu verdeata
- 2 până la 3 kilograme de coaste de porc dezosate în stil rustic, tăiate

PREGĂTIREA

1. Într-un castron mic, amestecați împreună sosul hoisin, sosul de soia, sherry, ghimbirul, mierea, usturoiul, ienibaharul, coaja de portocală și fulgii de ardei roșu.
2. Puneți 1/3 din ceapa verde într-un aragaz lent de 3 1/2 până la 5 litri.
3. Acoperiți cu niște cotlete de porc și turnați puțin sos peste carne.
4. Repetați aceste straturi de încă 2 ori, terminând cu sosul rămas.
5. Acoperiți și gătiți la foc mic timp de 9 până la 10 ore sau până când se înmoaie.
6. Porți 6.

Sos de porc

INGREDIENTE

- Friptură de porc dezosată sau spătar de porc dezosat tăiat
- salsa proaspata
- sare si piper

PREGĂTIREA

1. Pune friptura în aragazul lent. Acoperiți cu salsa proaspătă. Adăugați orice condimente suplimentare după gust.
2. Gatiti la foc mic timp de 6 pana la 8 ore sau pana cand friptura este frageda.

Cârnați italieni sasi

INGREDIENTE

- 4 până la 6 cârnați italieni
- 2 linguri de pasta de tomate
- 1/2 lingurita busuioc dulce uscat
- 1/2 lingurita frunze de oregano uscate
- 4 până la 6 roșii medii, tăiate cubulețe
- 2 cepe, tăiate în jumătate și feliate
- 1 ardei verde mic, tăiat fâșii
- un praf de piper cayenne, mai mult sau mai putin dupa gust
- Sare si piper dupa gust
- Mozzarella feliată, dacă se dorește

PREGĂTIREA

1. Într-o cratiță medie, fierbeți cârnații în apă timp de aproximativ 20 de minute; Scurgeți-l și transferați-l în aragazul lent/oala de gătit. Adăugați ingredientele rămase. Acoperiți și gătiți la foc mic timp de 6-8 ore. Serviți pe rulouri crocante sau terminați cu un topping de mozzarella și puneți sub grătar până când brânza este topită și gătită. O masă delicioasă cu o salată mixtă.
2. Rețeta de cârnați italieni servește 4.

Fileuri de mere și miere sațioase

INGREDIENTE

- 1 până la 1 1/2 kilograme mușchi de porc
- 1 ceapa medie, tocata
- 1/2 cană de măr uscat sau caise tocată
- 1 ardei gras, tocat
- 1 pachet de sos de țară amestecat (1 oz)
- 1/4 cană miere
- 1/3 cană apă
- 3 linguri sos de soia cu conținut scăzut de sodiu
- 2 linguri de otet de cidru sau vin
- 1 lingurita praf de usturoi
- Sare si piper dupa gust

PREGĂTIREA

1. Pune carnea de porc într-un aragaz cu ceapă, măr uscat și ardei gras.
2. Combinați ingredientele rămase; se toarnă peste carnea de porc.
3. Acoperiți și gătiți la foc mic timp de 7 până la 9 ore (3 1/2 până la 4 1/2 ore la maxim).
4. 4 până la 6 porții.

www.ingramcontent.com/pod-product-compliance
Lightning Source LLC
Chambersburg PA
CBHW070409120526
44590CB00014B/1320